Günther Hoegg

Schulrecht:
kurz und bündig
Die 50 wichtigsten Urteile

Für Jan und Alex und die Besprechungsrunde

Der Autor:
Dr. jur. Günther Hoegg studierte sowohl Deutsch und Kunst für das Lehramt als auch Rechtswissenschaften mit dem Schwerpunkt Verwaltungs- bzw. Schulrecht. Seit über 25 Jahren arbeitet er als Lehrer in Emden und promovierte neben dieser Tätigkeit mit einer Arbeit über das deutsche Schulrecht. Als Schulrechtsexperte, der tagtäglich vor der Klasse steht, kennt er also die juristischen Probleme des Schulalltags aus der Praxis.
Sein Wissen gibt er als Gastdozent an der Universität sowie in bundesweiten Seminaren der Cornelsen-Akademie an Referendare und Lehrer weiter.

Günther Hoegg

Schulrecht: kurz und bündig

Die 50 wichtigsten Urteile

Cornelsen

Die in diesem Werk angegebenen Internetadressen haben wir überprüft (Redaktionsschluss September 2010). Dennoch können wir nicht ausschließen, dass unter einer solchen Adresse inzwischen ein ganz anderer Inhalt angeboten wird.

www.cornelsen.de

4. Auflage 2012

Projektleitung: Gabriele Teubner-Nicolai, Berlin
Redaktion: Christian Hering, Berlin
Herstellung: Brigitte Bredow, Berlin
Umschlagkonzept: Bauer + Möhring, Berlin
Umschlaggestaltung: Torsten Lemme, Berlin,
unter Verwendung einer Zeichnung von Klaus Puth, Mühlheim
Illustrationen: Roland Bühs, Bremen
Satz und Layout: Julia Walch, Bad Soden
Druck und Bindung: fgb · freiburger graphische betriebe
Printed in Germany
ISBN 978-3-589-23000-6

Gedruckt auf säurefreiem Papier,
umweltschonend hergestellt aus chlorfrei gebleichten Faserstoffen.

Inhalt

Abkürzungsverzeichnis 7
Vorwort 8

Grundrechte 10

1 Grundrechtseinschränkungen 11
2 Sexualkunde und Elternrechte 13
3 Datenschutz und Volkszählungsurteil 15
4 Information der Eltern bei Volljährigkeit 17
5 Meinungsfreiheit von Schülern 19
6 Sportbefreiung aus religiösen Gründen 21
Exkurs: Die Rechtsmittel 24
7 Nichtversetzung und Schulverweisung 26

Beamtenrecht 28

8 Nichtbefolgen einer Weisung 29
9 Diebstahl von Schuleigentum durch Lehrer 31
10 Fürsorgepflicht des Dienstherrn 33
11 Arbeitsmaterialien vom Dienstherrn 35
12 Ersatz für gestohlenes Lehrereigentum 37
13 Meinungsfreiheit des Lehrers 39
14 Flucht in die Öffentlichkeit 40
15 Lehrer in Bhagwan-Kleidung 42
16 Pädagogische „Freiheit“ 44

Schulrecht 47

17 Mitbeaufsichtigen der Nachbarklasse 48
18 Unfall bei Verlassen des Schulgeländes 50
19 Verletzung durch Mitschüler in der Pause 52
Exkurs: Die Stufen der Schuld 53
20 Teilnahmepflicht des Lehrers an Klassenfahrten 56

21 Rücknahme der Anmeldung zur Klassenfahrt 58
22 Aufsichtspflicht beim Klassenausflug 61
23 Ersatz für gestohlenes Schülereigentum 64
24 Teurer Stadtplan durch Urheberrechtsverletzung 66
Exkurs: Die Rechtsgebiete und der Schadensersatz 68
25 Unverzügliche Krankmeldung von Schülern 70
26 Schuldhaftes Fernbleiben von Projektwochen 72
27 Üble Nachrede durch Lehrer 74
28 Schmerzensgeld bei beleidigender Lehreräußerung 77

Leistungsbewertung 80

29 Beurteilungsspielraum des Lehrers 81
30 Anfechtung einer Einzelnote 83
31 Notenänderung durch den Schulleiter 85
32 Note 6 bei Leistungsverweigerung 88
33 Randbemerkungen bei schriftlichen Arbeiten 90
34 Kritische mündliche Lehreräußerungen 93
35 Notenbildung für das gesamte Schuljahr 95
36 Verbindlichkeit von Notenprognosen 98
37 Zufällig gefundener Prüfungstext 101
38 Vermuteter Täuschungsversuch 104
39 Ist Abschreibenlassen ein Täuschungsversuch? 107
40 Prüfungsverlängerung wegen Baulärm 109
41 Sachverständige in Prüfungen 112
42 Informationsrecht der Eltern bei Versetzungsgefährdung 115

Ordnungsmaßnahmen 118

43 Umsetzen störender Schüler 119
44 Verweisen eines Schülers aus dem Klassenraum 122
45 Festhalten im Klassenraum 125
46 Nachsitzen ist kein Arrest 128
47 Schulverweis ohne Androhung 130
48 Ausschluss von einer Klassenfahrt 132
49 Schulrelevantes Verhalten in der Freizeit 135
50 Cybermobbing gegen Lehrer 137

Register 142

Abkürzungsverzeichnis

BAG	Bundesarbeitsgericht
BBG	Bundesbeamtengesetz
BGB	Bürgerliches Gesetzbuch
BGH	Bundesgerichtshof
BSG	Bundessozialgericht
BVerfG	Bundesverfassungsgericht
BVerwG	Bundesverwaltungsgericht
G	Gesetz oder Gericht
GG	Grundgesetz
OLG	Oberlandesgericht
OVG	Oberverwaltungsgericht
StGB	Strafgesetzbuch
VA, VAe	Verwaltungsakt(e)
VerfGH	Verfassungsgerichtshof
VG	Verwaltungsgericht
VGH	Verwaltungsgerichtshof
VwGO	Verwaltungsgerichtsordnung
VwVfG	Verwaltungsverfahrensgesetz

Vorwort

Die 50 wichtigsten Schulrechtsurteile, geht das wirklich? Ist es tatsächlich möglich, dass ein Lehrer oder eine Lehrerin durch die Lektüre dieser Fälle das deutsche Schulrecht so durchschaut, dass er/sie sich danach im Dschungel der Erlasse und Verordnungen zurechtfindet? Ich meine, ja. Aber ich fürchte, ich muss es begründen:

Das Problem vieler Lehrer liegt darin, *irgendwelche* Schulrechtsentscheidungen zu kennen, ohne zu wissen, ob es typische Fälle, Grenzfälle oder untypische Ausnahmefälle sind. Viele der immer wieder gern berichteten Entscheidungen sind überraschend, aber eher unwichtig, weil sie seltene Ausnahmen darstellen. Hier werden dagegen fast ausschließlich typische und wichtige Urteile präsentiert, die den Großteil der Lehrertätigkeit abdecken.

Wie man bei nur 50 Urteilen trotzdem eine relativ klare Vorstellung erhält, wissen Sie eigentlich schon aus einem anderen Zusammenhang: Sie kennen diese kleinen „Zeichnungen", die man manchmal in Zeitschriften findet?

Dabei muss man Punkte mit Ziffern von 1 bis x mit einem Stift verbinden. Danach erkennt man einen Hasen, ein Auto oder eine Glühbirne. So etwa können Sie sich das Buch vorstellen. Jedes Urteil ist ein solcher Orientierungspunkt. Und wenn Sie genügend Entscheidungen gelesen haben, dann verbinden sich die Urteile im Gehirn zu einem (groben) Gesamtbild. Nach der Lektüre können Sie also recht gut abschätzen, wie eine Schulbehörde oder ein Verwaltungsgericht in dem Fall, der Sie interessiert, entscheiden würde.

Warum nun meine ich, beurteilen zu können, was wichtig ist und was nicht? Nun, ich bin ein beruflicher „Zwitter": Einerseits bin ich Jurist mit dem Schwerpunkt Schulrecht und berate seit Jahren Lehrkräfte in verschiedenen Bundesländern, andererseits bin ich Lehrer und stehe als solcher tagtäglich vor der

Klasse. Somit kenne ich, anders als Verwaltungsrichter oder Juristen des Kultusministeriums, die wirklichen Probleme der Schulpraxis, und zwar aus eigener Erfahrung.

Bei der Lektüre der 50 wichtigsten Schulrechtsurteile sollten Sie wissen: Die Fallbeschreibung und vor allem der „Tenor“ der Entscheidung wurden etwas gestrafft und „geglättet“, um sie verständlicher zu formulieren. Außerdem ersetzt die Lektüre der Urteile keine juristische Beratung im Einzelfall. Aber alle diese Urteile sind rechtskräftig. Es sind also nicht spektakuläre Urteile, die in den Medien kurzfristig für Furore sorgen, weil ein Aufmerksamkeit suchender Verwaltungsrichter sie gefällt hat – wohl wissend, dass die nächste Instanz das Ganze wieder aufheben wird. Deshalb haben Sie mit diesen 50 Urteilen einen verlässlichen Orientierungsrahmen für die häufigsten Probleme des deutschen Schulrechts.

Ich hoffe, die Kenntnis der Urteile kann Ihnen immer wieder helfen.

Mit kollegialem Gruß
Ihr Günther Hoegg

P.S.: Falls Sie schulrechtlich auf den Geschmack kommen sollten, gibt es bei der Cornelsen-Akademie neben meinen Seminaren zum Thema Schulrecht jeweils einen „Fall des Monats“. Dort wird jeden Monat ein Schulrechtsfall zu aktuellen Problemen des Schulalltags vorgestellt, gelöst und kommentiert.
Weitere Informationen finden Sie unter www.cornelsen-akademie.de.

Grundrechte

Natürlich können Sie gleich in speziellere Bereiche des Schulrechts springen oder sogar gleich zu der einen Entscheidung, die Sie besonders interessiert. Schließlich ist es Ihr Buch und Sie können es so nutzen, wie Sie wollen. Falls Sie jedoch etwas mehr Zeit haben, empfehle ich auch die Lektüre dieses allgemeinen Teils, da hier die Grundlagen für schulrechtliche Entscheidungen vorgestellt und erklärt werden.

Da Sie das Grundgesetz mit den darin enthaltenen Grundrechten kennen, werden Sie sich vermutlich fragen, was das eigentlich mit der Schule zu tun hat. Nun, die Grundrechte sind in ihrem Kern *Freiheitsrechte*, die den Bürger vor einem übermächtigen Staat schützen sollen. Sie als Lehrer oder als Lehrerin werden es nicht unbedingt so empfinden, aber die Schule ist eine staatliche Anstalt. Von daher stellt vieles, was die Schule anordnet, einen Eingriff in die Grundrechte von Schülern oder Eltern dar. Manchmal sind auch Ihre Grundrechte als Lehrkraft betroffen, z.B. wenn es um Ihre Meinungsfreiheit innerhalb der Schule geht.

Aber zurück zu Schülern und Eltern, die häufig von schulischen Regelungen betroffen sind. Juristische Laien glauben oft, dass Eingriffe in die Grundrechte verboten seien. Das ist falsch. Es ist etwas komplizierter, aber für die Schule günstiger: Unzulässig ist nur ein *erheblicher* Eingriff, d.h. die Verletzung eines Grundrechtes *in seinem Kernbereich*. Zulässig sind dagegen unerhebliche Einschränkungen von Grundrechten.

Ich höre schon Ihre (berechtigte) Frage: Und wer entscheidet, was erheblich bzw. was unerheblich ist? Das ist für Juristen ganz einfach: Das bestimmen die Gerichte, und zwar in letzter Instanz das Bundesverfassungsgericht (BVerfG). Genau hierin liegt auch die Bedeutung der 50 Urteile. Wenn Sie genügend viele markante Urteile kennen, bekommen Sie ein recht sicheres Gespür dafür, was die Gerichte in Bezug auf die Grundrechte in der Schule für erheblich bzw. unerheblich halten. Aber genug geredet, fangen wir an.

1 Grundrechtseinschränkungen

Sachverhalt: Es war einmal vor langer, langer Zeit ein Verbrecher, der im Gefängnis saß. Da er durch diesen Zustand recht wenig Freiraum, aber viel Zeit hatte, nahm er Kontakt mit einer Organisation auf, die Gefangene betreute. An diese schrieb er einen langen Brief, in dem er nicht nur die Anstaltsverhältnisse scharf kritisierte, sondern auch den Direktor der Anstalt wiederholt grob beleidigte. Dieser werde nicht für voll genommen, jeder kleine Beamte könne das wieder rückgängig machen, was er angeordnet habe. Außerdem behauptete der Gefangene voller Groll, die Weihnachtspakete an die Insassen seien wieder einmal ausgeplündert worden, weil das Gefängnis sein vorgegebenes „Schikanesoll" erfüllen müsse.

Der Brief wurde geöffnet, gelesen und nach Bewertung des Inhalts nicht weitergeleitet, was man dem Schreiber aber nicht sagte. Als Rechtsgrundlage stützte man sich auf eine interne Verwaltungsvorschrift (Dienst- und Vollzugsverordnung), die dem Gefängnis bzw. der Anstaltsleitung ein solches Vorgehen durchaus erlaubte. Diese Verordnung war direkt vom Justizminister erlassen worden, um die Abläufe in Gefängnissen zu regeln.

In einem späteren Gespräch mit der Gefangenenhilfsorganisation stellte sich heraus, dass der besagte Brief dort nicht angekommen war. Die Nachforschungen ergaben, dass er von der Gefängnisleitung nicht weitergeleitet, sondern einbehalten worden war. Der Gefangene beschwerte sich zunächst dagegen. Da der Beschwerde nicht stattgegeben wurde, ging das Ganze vor die Gerichte, bis es endlich beim Bundesverfassungsgericht landete. Der Gefangene rügte dort die Verletzung mehrerer Grundrechte, darunter vor allem sein Recht auf freie Meinungsäußerung und das grundrechtlich garantierte Briefgeheimnis.

Die Gegenseite, die Justizverwaltung, bestritt die Einschränkungen des Insassen überhaupt nicht, machte aber Folgendes geltend: Der Strafgefangene unterliege aufgrund seiner Straftaten einem **besonderen Gewaltverhältnis**. In diesem besonderen Rechtsverhältnis dürfe man bereits über eine interne Verordnung seine Rechte so weit einschränken, wie es für den reibungslosen Ablauf und den Zweck der Anstalt notwendig sei.

Das Bundesverfassungsgericht folgte dieser Argumentation jedoch nicht, sondern stellte fest, dass solch einschneidende Eingriffe in das Briefgeheimnis ohne gesetzliche Grundlage unzulässig seien. Das Zurückhalten des Briefes sei also rechtswidrig. Zulässig wäre es gewesen, Fluchtpläne oder Ähnliches zu schwärzen oder gegen Beleidigungen straf- oder zivilrechtlich vorzugehen. Mehr aber auch nicht.

Entscheidung des BVerfG, Beschluss vom 14.03.1972:
Auch die Grundrechte von Strafgefangenen können nur durch Gesetz eingeschränkt werden.

Kommentierung: Worin besteht nun der Zusammenhang zwischen diesem recht alten Urteil und der Schule? Der entscheidende Punkt liegt im Begriff des **besonderen Gewaltverhältnisses**. Früher (vor 1972) ging man davon aus, dass bestimmte Anstaltsbenutzer, und zwar nicht nur Strafgefangene, sondern *auch Schüler*, sich in diesem „besonderen Gewaltverhältnis" befinden. In ihm konnte die Anstaltsleitung durch einfache Verwaltungsvorschriften in die Grundrechte der Anstaltsbenutzer eingreifen. Das war sehr bequem, aber seit der o.g. Entscheidung leider nicht mehr zulässig.

Damit hatte dieses Urteil erhebliche Auswirkungen auf die Schule, denn sämtliche Ordnungsmaßnahmen gegen störende Schüler waren früher nur über Verordnungen und Erlasse geregelt. Jeder hielt sich daran, weil es keine gegenteiligen Entscheidungen gab. Nachdem sich aber die **Strafgefangenenentscheidung** herumgesprochen hatte, gingen die Kultusministerien daran, Gesetzesvorlagen zu entwickeln, die dann von den Landesparlamenten abgesegnet wurden. Denn man hatte begriffen: Erhebliche Grundrechtseingriffe (z.B. Ordnungsmaßnahmen) können nun nur noch über ein Gesetz legitimiert werden. Dieses Urteil (aus einer ganz anderen staatlichen Anstalt) verkörpert somit den eigentlichen Beginn des modernen Schulrechts.

In diesem Zusammenhang entwickelt das BVerfG auch die **Wesentlichkeitstheorie**. Ein echtes Wortungetüm, aber im Grunde ganz einfach zu verstehen. Es betrifft die Frage, was eigentlich gesetzlich, also über ein Parlament, geregelt werden muss. Die überraschende Antwort: Alles, was in Bezug auf die Grundrechte *wesentlich* ist. Nur unwesentliche Dinge darf das Kultusministerium eigenständig regeln. Allerdings bereiten gerade die eher unwesentlichen Dinge ohne Grundrechtsbezug den Lehrkräften im Schulalltag oft die meisten Schwierigkeiten.

2 Sexualkunde und Elternrechte

Sachverhalt: Eine berühmte Entscheidung des Bundesverfassungsgerichts führte zwei Verfassungsbeschwerden (aus Hamburg und Baden-Württemberg) von Eltern zusammen, die sich gegen den Sexualkundeunterricht an Schulen richteten.

In Baden-Württemberg wandten sich sehr religiöse Eltern eines zehnjährigen Mädchens gegen den von der Schule vorgesehenen Sexualkundeunterricht, weil im Lehrbuch direkt neben einer tierischen Begattung die menschliche Befruchtung abgebildet war. Die Eltern forderten von der Schulleitung, ihre Tochter von dieser unsittlichen Unterrichtseinheit des Biologieunterrichts zu befreien. Aber die Schule und die Schulbehörde lehnten den Antrag ab, und auch vor den normalen Verwaltungsgerichten hatte die Klage der Eltern keinen Erfolg.

In Hamburg stritten Eltern mehrerer Kinder der Schule das Recht ab, über die bloße Information hinaus eine Sexual*erziehung* vorzunehmen, weil diese nicht konkret im Hamburger Schulgesetz geregelt war. Das Gesetz erwähnte zwar ganz allgemein die Sexualkunde, wollte aber die konkrete Ausgestaltung der Schulbehörde überlassen.

Statt einer unklar geregelten schulischen Vermittlung wollten die Eltern die sexuelle Aufklärung bzw. Erziehung selbst, und zwar in ihrem Sinne, vornehmen. In einer schulischen Sexualerziehung sahen die Kläger deshalb einen unzulässigen Eingriff in ihr grundgesetzliches Elternrecht (Art. 6 GG).

Über mehrere Instanzen (VG, OVG, BVerwG) gelangten die Klagen 1977 bis vor das Bundesverfassungsgericht, das beide Verfahren wegen ihres grundsätzlichen Charakters zusammenfasste. Die Verfassungsbeschwerden der Kläger wurden letztlich abgewiesen, wobei das BVerfG dazu Folgendes ausführte: Die Sexualerziehung als Teil des Erziehungsauftrags der Schule sei umstritten. Zum einen gehöre die sexuelle Aufklärung unbestritten zum privaten Erziehungsbereich der Eltern. Zum anderen sei jedoch ein verantwortliches sexuelles Verhalten ein wichtiger Teil der gesellschaftlichen Gesamterziehung. Die Schule sei deshalb verpflichtet, bei dieser Aufgabe mitzuwirken.

Das BVerfG äußerte sich aber nicht zu den inhaltlichen Meinungsverschiedenheiten über die Sexualerziehung, sondern beschränkte sich auf die verfassungsrechtliche Beurteilung: Grundlage der schulischen Sexual*kunde* müsse die Wissensvermittlung sein, die auch dem Schutz vor sexuellen Gefahren diene. Darauf baue die Sexual*erziehung* auf. Sie solle ein Verständnis für soziale Partnerschaft entwickeln und das Verantwortungsbewusstsein stärken.

Dieses Bildungsziel könne der Staat in der Schule auch unabhängig von den Eltern verfolgen. Daraus folge, dass *der schulische Erziehungsauftrag dem*

Elternrecht nicht nach-, sondern gleichgeordnet sei. Auch die Sexualerziehung falle damit in die Schulhoheit des Staates. Da die Sexualkunde keine Indoktrinierung zu einem bestimmten Sexualverhalten enthalten dürfe und mit Zurückhaltung zu erteilen sei, könne eine Befreiung der Schüler nicht verlangt werden. Auch eine Zustimmung der Eltern sei nicht notwendig.

Die beanstandete Hamburger Regelung sei zwar tatsächlich unwirksam, weil sie die konkrete Ausgestaltung der Sexualerziehung der Schulbehörde überlasse. Das bedeute aber nicht, dass sämtliche Einzelheiten in einem Gesetz zu regeln seien. Gefordert sei eine hinreichend präzise parlamentarische Leitentscheidung. Diese hatte das hamburgische Parlament aber während des Gerichtsverfahrens bereits beschlossen und in sein Schulgesetz einen Passus über die Sexualerziehung eingeführt. Damit war dieser Teil der Klage gegenstandslos geworden.

Zudem sei das, was in Hamburger Schulen vermittelt werden soll, so das BVerfG, keine Sexualerziehung, sondern nur wissensbezogene Sexualkunde. Aus diesem Grund wurde auch die Beschwerde der Hamburger Eltern zurückgewiesen.

Entscheidung des BVerfG, Urteil vom 21.12.1977:
Das Erziehungsrecht der Eltern ist dem schulischen Erziehungsrecht **nicht** übergeordnet.

Kommentierung: Dieses Urteil ist so zentral für die Schule, weil es ganz grundsätzlich das Verhältnis von Elternrecht und Befugnissen der Schule regelt. Auch in anderen Entscheidungen der oberen Gerichte findet man immer wieder Zitate aus diesem Urteil. Wichtiger als die eigentliche Entscheidung, dass alle Kinder am Sexualkundeunterricht der Schule teilnehmen müssen, wenn es dafür eine gesetzliche Grundlage gibt, sind die Begründungen: Zum einen stellte das BVerfG fest, dass elterliche und schulische Erziehung *gleichrangig* sind. Der Staat darf folglich eigene und andere Erziehungsziele verfolgen, selbst wenn einige Eltern sie nicht billigen. Zum anderen wurde entschieden, schulische Unterrichtung und Erziehung habe (angesichts der heutigen Massengesellschaft) auch in der Gemeinschaft zu erfolgen. Die Schüler besitzen also nicht das Recht, sich abzukapseln und sich dieser Gemeinschaftsaufgabe zu entziehen.

Nebenbei erwähnt das BVerfG, dass die Schule sich mit den Eltern abstimmen und diese informieren muss. Die Schule könne aber nicht *allen* Elternwünschen Rechnung tragen (Seite 810 des Urteils). Das ist beruhigend zu wissen. Denn immer wieder werden solche Forderungen von Eltern (oder der Schulleitung) an die Lehrer herangetragen. Das ist nicht nur unrealistisch, sondern auch rechtlich nicht begründet.

Die Vorstellungen einiger Eltern werden sich nicht immer mit denen der anderen Eltern decken. Darüber hinaus werden die Wünsche bestimmter Eltern mit den Vorgaben der Schule kollidieren. Das ist zwar bedauerlich, aber nun einmal nicht zu ändern. Wer als Eltern mit den Vorgaben der staatlichen Regelschule überhaupt nicht einverstanden ist, muss sein Kind eben auf eine Privatschule schicken, die er frei wählen kann. Diese unterliegt jedoch ebenfalls der staatlichen Schulaufsicht, sodass dort zwar vieles, aber auch nicht alles möglich ist.

3 Datenschutz und Volkszählungsurteil

Sachverhalt: Und es begab sich zu der Zeit des Jahres 1983, als ein Gebot von der Regierung ausging, dass alle Bevölkerung gezählt werde. Und diese Erhebung sollte nicht nur die Bevölkerung zählen, sondern auch andere Daten wie Wohnsituation und Beruf festhalten. Dazu hatten die besten Hausjuristen der Bundesregierung eine schöne Gesetzesvorlage zusammengebastelt. Die Regierung legte diese dem Parlament vor, das (mit Ausnahme Hamburgs) wie gewünscht das Ganze absegnete. Aber das schöne Gesetz rief in der Bevölkerung wenig Begeisterung, dafür aber umso mehr Kritik hervor. Sehr viele Bundesbürger meinten, das Gesetz sei nicht verfassungsgemäß, beließen es allerdings beim Jammern.

Aber etwa 20 Bundesbürger maulten nicht nur, sondern wollten tatsächlich Verfassungsbeschwerde einlegen. Man rügte die fehlende Anonymität, da die Daten immer personenbezogen bleiben sollten. Zwar sollte an einigen Stellen des Verfahrens der Name herausgenommen werden, aber die vielen anderen Informationen hätten leicht Rückschlüsse auf die entsprechende Person ermöglicht.

Das Verfahren übernahmen zwei bis dahin unbekannte Anwältinnen. Niemand glaubte so recht an den Erfolg der Klage, denn hochbezahlte und hochdekorierte Leute hatten mit unermüdlichem Eifer die Volkszählung über Jahre hinweg konzipiert.

Das Unglaubliche geschah und ließ den Glauben an die Unabhängigkeit der Justiz wieder aufleben. Gleich nach der ersten mündlichen Verhandlung setzte das Bundesverfassungsgericht die weitere Vorbereitung der Volkszählung aus, weil das Gericht sehr schnell Zweifel an der Rechtsstaatlichkeit des zugrunde liegenden Gesetzes hatte. Zur Klärung der extrem komplizierten Materie wurden u.a. die Datenschutzbeauftragten als Sachverständige gehört.

Am Ende des Verfahrens wurde das liebevoll zusammengebastelte Gesetz „gekippt“ und musste in etlichen Punkten verändert werden. Die Bundesregierung durfte folglich nicht nur deutlich später und deutlich eingeschränkt zählen, sondern auch die nicht unerheblichen Kosten des Verfahrens tragen.

In dem sehr langen Urteil setzte das Bundesverfassungsgericht sich ganz grundsätzlich mit dem Datenschutz auseinander. Es unterschied zunächst zwischen **personenbezogenen** und anonymen, statistischen Daten. Die ersten seien stark schutzbedürftig, letztere unterlägen deutlich geringeren Einschränkungen, da der Staat das Recht besitze, für die Zukunft zu planen. Von daher sei stets zu prüfen, ob anonymisierte Daten nicht den gleichen Zweck erfüllten.

Des Weiteren leitete das BVerfG aus dem Persönlichkeitsrecht des Art. 2 GG (in Verbindung mit Art. 1 GG) ein neues Grundrecht ab, und zwar das Grundrecht auf **informationelle Selbstbestimmung**. Es gibt jedem Bürger das Recht zu entscheiden, wann und in welchem Umfang persönliche Lebenssachverhalte offengelegt werden dürfen.

Obwohl die informationelle Selbstbestimmung ein Grundrecht darstellt, sind Einschränkungen in bestimmten Fällen möglich – allerdings nur bei überwiegendem Allgemeininteresse und wenn die Schwere des Eingriffs in Bezug auf den angestrebten Erfolg verhältnismäßig ist. Das war hier in den wesentlichen Punkten nicht der Fall.

Entscheidung des BVerfG, Beschluss vom 15.12.1983:
Das Persönlichkeitsrecht des Art. 2 I gibt dem Einzelnen das Recht, grundsätzlich selbst über seine persönlichen Daten zu bestimmen.

Kommentierung: Dieses zentrale Urteil gilt für alle Bereiche des öffentlichen Lebens – und damit natürlich auch für die Schule. Sie ist ebenfalls zum Datenschutz verpflichtet und darf persönliche Daten der Schüler nicht öffentlich preisgeben.

Nach der **Sphärentheorie** sind von innen nach außen drei Persönlichkeitssphären zu unterscheiden:

- die am stärksten geschützte Intimsphäre mit Gedanken und Gefühlen,
- die Privatsphäre des nichtöffentlichen Lebens mit Familie und Freunden
- und die Sozialsphäre des öffentlichen Lebens.

Diese letzte Sphäre ist am wenigsten stark geschützt, was nicht bedeutet, man könne solche Informationen problemlos verbreiten.

Deshalb ist es in den meisten Bundesländern seit Jahren verboten, die Noten von Klassenarbeiten hinter die Namen der Schüler ins Klassenbuch einzutragen. Denn dadurch werden personenbezogene Daten für jeden Neugierigen öffentlich zugänglich gemacht. Problematisch ist darum auch die früher öffentlich vollzogene Notenbesprechung vor der gesamten Klasse. Einerseits sorgt sie für wünschenswerte Transparenz der Notenfindung, andererseits werden durch Namensnennung in Verbindung mit den Noten personenbezogene Daten öffentlich besprochen.

An dieser Stelle nur soviel in Kürze: Spätestens wenn ein Schüler bzw. seine Eltern es wünschen, dürfen diese Noten nicht mehr öffentlich mitgeteilt werden. Etwas anderes hingegen ist der innerdienstliche Informationsaustausch zwischen den Kollegen. Er ist nicht nur juristisch erlaubt, sondern pädagogisch sogar erwünscht. Allerdings müssen die dort erhaltenen Informationen vertraulich behandelt werden.

Info: Inzwischen sind auch die „Klassenlisten", bei denen die Schüler bzw. ihre Eltern mit Adresse vermerkt sind, ins Visier der Datenschützer gelangt. Aus ihnen kann man nämlich, wenn man sich im Ort auskennt, Rückschlüsse auf das Wohngebiet und seine soziale Struktur ziehen.

4 Information der Eltern bei Volljährigkeit

Sachverhalt: Vor einigen Jahren ereignete sich folgende dramatische Vorgeschichte: Der 19-jährige Schüler eines Gymnasiums wurde wegen etlicher Verstöße von der Schule verwiesen. Weil er volljährig war, teilte man es ihm, aber nicht seinen Eltern mit. Da die Verweisung zugleich den Ausschluss vom Abitur beinhaltete, nahm der Schüler (Sportschütze) seine Schrotflinte, machte sich auf den Weg in die Schule und erschoss dort erst zwölf Lehrer, eine Sekretärin, zwei Schüler, einen Polizisten und danach sich selbst. Dies geschah, wie vermutlich fast jede Lehrkraft weiß, in Erfurt, und zwar im Jahre 2002.

Schon bald nach dieser Kurzschlusshandlung wurde eine Regelung in die Landesschulgesetze von Rheinland-Pfalz und Bayern aufgenommen, auch die Eltern von volljährigen Schülern zu benachrichtigen, falls Entscheidungen getroffen werden, die das Schulverhältnis wesentlich beeinträchtigen. Dies sollte auch *gegen* den erklärten Willen des Schülers möglich sein.

Eine volljährige Gymnasiastin fühlte sich von dieser Regelung betroffen und legte, da sie sie für unzulässig hielt, Verfassungsbeschwerde hiergegen ein. Da ihr Bestehen des Abiturs durchaus zweifelhaft war, befürchtete sie, man könne ihre Eltern gegen ihren Willen informieren. Sie fühlte sich, in Anlehnung an das Volkszählungsurteil, durch die drohende Benachrichtigung in ihrem Recht auf informationelle Selbstbestimmung unzulässig eingeschränkt.

Die Landesschulbehörde, die Landesregierung und der Datenschutzbeauftragte hielten einen solchen Eingriff jedoch für zulässig und verhältnismäßig. Der Verfassungsgerichtshof des Landes wies die Beschwerde der Schülerin ebenfalls ab und führte dazu aus: Zwar liege ein erheblicher Eingriff in das Recht der Schülerin vor, aber dieses Grundrecht gelte nicht schrankenlos, sondern könne unter bestimmten Umständen durch Gesetz beschränkt werden.

Wohl bedeute der Eintritt in die Volljährigkeit das Erlöschen der elterlichen Sorge und das Erreichen der unbegrenzten Geschäftsfähigkeit, aber in bestimmten Fällen seien Einschränkungen bei Volljährigen durchaus möglich (z.B. Führerschein für bestimmte Fahrzeuge, Berufung zum Schöffen). Außerdem würden bereits jetzt schon einige Regelungen für Minderjährige auch auf „junge Volljährige" ausgeweitet (z.B. im Strafrecht). Eine Information der Eltern wie bei Minderjährigen sei folglich rechtlich nicht zu beanstanden.

Vor allem aber überwiege das Interesse der Allgemeinheit, da der Gefährdung von Mitschülern und Lehrern durch einen möglichen Amoklauf vorgebeugt werden solle. Dies sei ein legitimes Ziel und durch die Fürsorgepflicht der Schule gedeckt. Die Entwicklung vom Jugendlichen zum Erwachsenen verlaufe fließend und sei nicht zwingend mit Vollendung des 18. Lebensjahres abgeschlossen. Oft dauere es noch mehrere Jahre, bis die Reife eines Erwachsenen erreicht sei.

Entscheidung des VerfGH Rh-Pf, Urteil vom 22.06.2004:
Die Information der Eltern volljähriger Schüler – auch gegen deren Willen – stellt keinen Verstoß gegen die Landesverfassung dar.

Kommentierung: Damit wir uns nicht missverstehen: Ich finde es grundsätzlich sinnvoll, die Eltern zu informieren. Aber ich halte das Urteil für fragwürdig und habe Schwierigkeiten, seine Begründung nachzuvollziehen. Ich finde, um dahin zu kommen, wohin man wollte, hat das Gericht enorme geistige Klimmzüge unternommen.

Man wollte die Eltern benachrichtigen, um Amokläufe wie den aus Erfurt für die Zukunft zu verhindern. Ein ehrenwertes Unterfangen, dem allerdings die gesetzliche Volljährigkeit ab 18 entgegensteht. Die hatte man vor gut 30 Jahren eingeführt, um bei der bevorstehenden Bundestagswahl viele Stimmen von frisch geschaffenen Jungwählern zu bekommen. In dieser Beziehung ging die Rechnung auf.

Selbstredend war jedem halbwegs Intelligenten klar, dass man mit 18 Jahren noch nicht erwachsen ist. Also ruderte man hinter den Kulissen heimlich zurück, z.B. im Strafrecht. Fast 80% aller Straftäter zwischen 18 und 21 Jahren, also Erwachsene, werden nämlich nach dem Jugendstrafrecht verurteilt. Dazu nennt man sie nicht mehr Erwachsene, sondern schafft einen neuen Begriff, nämlich den der „Heranwachsenden". Oder man etikettiert sie, wie im obigen Urteil, als „junge Volljährige", die man deshalb anders behandelt als normale Volljährige.

Zutreffend stellte das Gericht ja auch fest, dass es *oft mehrere Jahre* dauert, bis nach dem 18. Lebensjahr die Erwachsenenreife erreicht ist. Vermutlich fängt das Erwachsenwerden etwa mit dem 21. Lebensjahr an, aber wer traut sich, das heute den 18-Jährigen zu sagen? Die Zugeständnisse sind gemacht, nun muss man eben nach dem alten Handwerkerspruch arbeiten: „Was nicht passt, wird passend gemacht." Und so schiebt man die Volljährigkeit, die man erst von 21 auf 18 Jahre gesenkt hat, jetzt wieder stückweise hinaus.

Die Eltern sollen informiert werden, obwohl volljährige Schüler per Definition *keine Erziehungsberechtigten* mehr haben, denn sie müssen sich nicht mehr erziehen lassen. Solche Schüler oder Schülerinnen könnten problemlos zu Hause ausziehen, sie müssten den Eltern nicht die Tür öffnen, müssten nicht einmal ein Wort mit ihnen wechseln. Wie groß der Einfluss der Eltern bei Schülern ist, die sich mit ihnen überworfen haben und dagegen sind, diese zu informieren, kann man sich denken.

Sie brauchen die Ansicht nicht zu teilen, aber ich finde: Entweder man ist (mit allen Konsequenzen) volljährig – oder eben nicht.

Ach ja, auf das Hauptargument des **überwiegenden Allgemeinwohls** bin ich noch gar nicht eingegangen. So richtig dieses Argument ist, so banal ist es auch. Mit ihm kann man fast alles rechtfertigen. Natürlich kann ein 18-Jähriger Amok laufen, wenn er von der Schule verwiesen wird. Das kann er aber auch, wenn er älter ist.

Um die Ecke gedacht: Erstaunlicherweise gilt das überwiegende Allgemeinwohl nicht mehr bei Schülern, die über 21 Jahre alt sind. Es gilt nicht einmal für Schüler, die als Volljährige eine Ausbildung beginnen und nun 19 Jahre alt sind. Aber vielleicht sagt ja das BVerfG demnächst etwas zu dieser Regelung. Meine abweichende Auffassung zu den juristischen Begründungen braucht Sie jedoch nicht zu kümmern. Wichtig ist allein: Sie kennen jetzt dieses Urteil und wissen, dass Sie in vielen Bundesländern auf der sicheren Seite sind, wenn Sie die Eltern von volljährigen Schüler auch gegen deren Willen informieren.

5 Meinungsfreiheit von Schülern

Sachverhalt: Kurz nachdem die Pilze im Bayerischen Wald nachts zu leuchten begonnen und einige Katzen ihr Fell verloren hatten, erschien eines Tages ein volljähriger Gymnasiast mit Gasmaske vor dem Gesicht in der Schule. Der effektvolle Auftritt war seine Reaktion auf die kleine Reaktorstörung von Tschernobyl (April 1986). Allerdings beließ der Schüler es nicht beim Tragen einer „Schnüffeltüte", sondern verteilte zusätzlich noch ein Flugblatt mit der nicht geografisch, sondern metaphorisch gemeinten Aussage: „Tschernobyl ist überall!“

Da man solchen spontanen politischen oder halbpolitischen Meinungsäußerungen von Schülern eher reserviert gegenüberstand, wurde der Schüler vom Schulleiter bzw. der zuständigen Konferenz wegen widerrechtlicher Flugblattverteilung ratzfatz für eine Woche vom Unterricht ausgeschlossen. Die Schulleitung bzw. die Konferenz sah in dem Verhalten des Schülers nicht nur eine unzulässige Störung des Unterrichtsbetriebs, sondern sorgte sich auch um den **Schulfrieden**. Man befürchtete eine Spaltung der Schüler- und Lehrerschaft in Gegner und Befürworter der Kernenergie.

Der Schüler wandte sich gegen den Ausschluss, weil er seinen Auftritt durch das grundgesetzliche Recht der freien Meinungsäußerung gedeckt glaubte. Die Schulbehörde sah dies verständlicherweise anders. Und so kam die Sache vor Gericht.

In seiner Darlegung des Urteils unterschied das Verwaltungsgericht zwischen unzulässiger politischer *Werbung* und zulässiger politischer *Meinungsäußerung*. Und nur diese sah das Gericht im effektvollen Auftritt und Handeln des Schülers. In seinem Flugblatt, das einen pauschalpolitischen Rundumschlag darstellte, kritisiere der Schüler zwar alles Mögliche, er werbe aber nicht parteipolitisch für eine bestimmte Gruppierung, sondern für seine eigene Überzeugung.

Zwar sei die Verteilung der Flugblätter auf dem Schulgelände ohne Genehmigung (des Schulleiters) erfolgt, aber das Gericht beurteilte den Unterrichtsausschluss für einen solchen Verstoß als unverhältnismäßig hart und gab dem Schüler im Kern mit seiner Klage recht.

Entscheidung des VG München, Urteil vom 27.10.1986:
Das Verbot der politischen Werbung muss als Verbot der **partei**politischen Werbung verstanden werden

Kommentierung: Sie meinen, das Leben sei ungerecht, weil Schüler in der Schule etwas dürfen, was Ihnen als beamteter Lehrer verwehrt ist? Sie haben ja recht, es ist eine Ungleichbehandlung, aber schließlich sind die Voraussetzungen auch unterschiedlich:

Auf der einen Seite stehen die (meist noch) Minderjährigen, die ihre Überzeugung erst noch finden müssen, auf der anderen Seite befinden sich rhetorisch geübte Erwachsene mit einer gefestigten Weltanschauung. Das sind die Lehrer. Diese sollen die Schüler zwar allseitig informieren und zum Denken anregen, aber möglichst wenig politisch beeinflussen. Deshalb müssen sich Lehrer im Dienst zurückhalten, während die Schüler möglichst oft Position beziehen sollen.

Falls Schüler bei ihren Meinungsäußerungen jedoch jemanden beleidigen oder verleumden, müssen sie, sofern sie über 14 Jahre alt sind, mit strafrechtlichen Konsequenzen rechnen. Aber auch die unter 14-jährigen Schüler können über Erziehungsmaßnahmen gemaßregelt werden. Die Meinungsfreiheit der Schüler ist also nicht grenzenlos.

Sie haben im Urteil mitbekommen, dass der Schüler das Hausrecht des Schulleiters verletzt hat, den er hätte fragen müssen – und der wahrscheinlich nein gesagt hätte.

Der für die Ahndung wichtige Punkt, der vom Gericht regelmäßig berücksichtigt wird, ist der **Grundsatz der Verhältnismäßigkeit**. Er hat den Rang eines Grundrechts (!), obwohl er nirgendwo als Gesetz festgeschrieben ist. Vielmehr hat das BVerfG ihn seit Jahrzehnten immer wieder angewendet, er ist ganz einfach unbestritten.

Und was besagt nun der Grundsatz der Verhältnismäßigkeit? Er bestimmt, dass man nicht jeden Eingriff in Grundrechte vornehmen darf, der möglich ist. Die Schule verfügt in ihrer Liste der Ordnungsmaßnahmen über den einwöchigen Schulausschluss gegen renitente Schüler und darf ihn – rein theoretisch – verhängen. Die wichtige Frage ist aber, ob diese Maßnahme in einem *angemessenen Verhältnis* zum Verstoß unseres besorgten Tschernobyl-Warners steht. Und genau dies sah das Gericht als nicht gegeben an.

Man kann – das Leben ist schon kompliziert genug – den juristischen Grundsatz der Verhältnismäßigkeit auch volkstümlich umformulieren. Dann hieße er: „Man darf nicht mit Kanonen auf Spatzen schießen, selbst wenn das Gesetz es erlauben würde."

6 Sportbefreiung aus religiösen Gründen

Sachverhalt: Im Zuge des steigenden Anteils muslimischer Schüler kam es in einer deutschen Großstadt, wie es kommen musste: Eine 12-jährige türkische Schülerin islamischen Glaubens wollte vom koedukativ erteilten Sportunterricht befreit werden. Dieser, so ihre Begründung, verstoße zutiefst gegen ihre religiösen Prinzipien der Lebensführung.

In diesem Zusammenhang berief sie sich auf ein Urteil des Bundesverwaltungsgerichts aus dem Jahr 1973, das Schüler vom Samstagsunterricht befreite, wenn ihre religiöse Überzeugung eine Unterrichtsteilnahme verbiete. Verglichen damit sei eine Befreiung nur vom Sportunterricht eine geringfügige Reduzierung der Schulpflicht. Falls sie gezwungen würde, am Sportunterricht teilzunehmen, so müsste sie aus Gewissenskonflikten ihre schulische Ausbildung abbrechen.

Die Schule war durchaus bereit, sie vom *Schwimm*unterricht zu befreien, um ihren Körper nicht den Blicken der Jungen auszusetzen. Allerdings lehnte man den Wunsch nach einer generellen Befreiung vom Sportunterricht ab, weil dadurch letztlich ein Zusammenbrechen der gemeinsamen Unterrichtung befürchtet wurde.

Da auch der Widerspruch der Schülerin gegen die Entscheidung der Schule erfolglos blieb, ging die Sache vor das Verwaltungsgericht. Wegen der großen und grundsätzlichen Bedeutung des Falles schloss sich der Oberbundesanwalt dem Verfahren an. Auch er befürchtete eine Aushöhlung der gesetzlichen Schulpflicht durch immer mehr Ausnahmen.

Trotz dieser gewichtigen Gründe gab das Bundesverwaltungsgericht dem Antrag der Schülerin mit folgenden Gründen statt: Die Reichweite der grundgesetzlich garantierten Glaubensfreiheit sei von der Schule verkannt worden. Diese habe alle Möglichkeiten auszuschöpfen. Um pubertierenden islamischen Mädchen einen Gewissenskonflikt zu ersparen, müsse notfalls ein nach Geschlechtern getrennter Sportunterricht angeboten werden.

Das Angebot der Schule, weite Kleidung und ein Kopftuch im Sportunterricht zu tragen, sei keine Lösung, da dadurch die Bewegungsfreiheit eingeschränkt werde und die Schülerin mit einer sachlich nicht gerechtfertigten Benotung rechnen müsse. Im Sportunterricht bestehe zudem bei schnellen Bewegungen für sie die Gefahr, ihr Kopftuch zu verlieren, die Konturen ihres Körpers zu zeigen und mit Jungen körperlich in Berührung zu kommen. Ausweitungen auf andere Fächer seien nicht zu befürchten, da sich die genannten Probleme nur auf die Besonderheiten des Faches Sport bezögen.

Für einen echten Gewissenskonflikt treffe allerdings das Mädchen die Verpflichtung, dies glaubhaft zu machen. Die Schülerin befolge jedoch ernsthaft (auch außerhalb der Schule) die Vorschriften des Korans. Wegen der hohen Bedeutung der Religionsfreiheit sei deshalb eine Befreiung vom koedukativen Sportunterricht gerechtfertigt. Wenn die staatliche Schule den Sportunterricht für so elementar halte, müsse sie bei Gewissenskonflikten eben organisatorische Regelungen für einen getrennten Unterricht schaffen.

Entscheidung des BVerwG, Urteil vom 25.08.1993:
Eine islamische Schülerin kann vom Sportunterricht befreit werden, solange dieser nicht nach Geschlechtern getrennt durchgeführt wird.

Kommentierung: Sind Sie als Lehrkraft ebenfalls unzufrieden mit diesem Urteil? Ich bin mit der Schule der Meinung, man hätte die Schülerin nur vom Schwimmunterricht befreien sollen, nicht aber vom regulären Sportunterricht. An diesem hätte sie mit Ganzkörper-Verhüllung durchaus teilnehmen können. Schließlich gibt es islamische Frauenfußballmannschaften, die sich durchaus schnell bewegen können. Die Einschränkung der Bewegungsmöglichkeiten hätte man wie in anderen Fällen bei der Zensurenfindung zum Jahresende ausgleichen können.

Aber so ist das halt, es ist die Entscheidung des BVerwG. Und damit müssen wir leben. Es geht in diesem Buch ja nicht darum, Ihnen nur solche Urteile vorzustellen, die Ihnen oder mir gefallen. Man muss als Lehrer einfach wissen, wie die oberen Gerichte in wichtigen Fragen des Schulrechts entschieden haben. Und von den obersten deutschen Gerichten wird der Religionsfreiheit und der Religionsausübung eine erstaunlich hohe Bedeutung beigemessen.

So ist z.B. trotz Tierschutzgesetz das langsame Ausblutenlassen von noch lebenden Tieren (Schächten) aus religiösen Gründen erlaubt. Es ist so, wie es ist. Theoretisch spannend wäre die Frage, ob ein muslimischer Junge sich ebenfalls aus religiösen Gründen vom gemeinsamen Sportunterricht befreien lassen könnte. Aber darüber habe ich noch nichts gefunden.

Um die Ecke gedacht: Sie haben vielleicht von dem ganz anders lautenden Urteil gehört, in dem ein Verwaltungsrichter eine muslimische Schülerin verurteilt hat, sogar am Schwimmunterricht teilzunehmen (VerwG Düsseldorf vom 7.5.2008)? Die Begründung lautete dort: Im Wasser könne man die Körperkonturen kaum erkennen. Na, ich weiß nicht. Das mag ja vielleicht zutreffen, wenn der Schwimmunterricht in einer schmuddeligen Schlammbrühe stattfindet und wenn man das Rückenschwimmen ausklammert. Aber für den Regelfall des bundesrepublikanischen Schwimmunterrichts kann es mich nicht überzeugen.

Aber das passiert immer wieder: Ein Verwaltungsrichter, der einmal in der Presse erwähnt werden möchte, fällt ein aufsehenerregendes Urteil. Das ist ohne Weiteres möglich, denn wir haben in Deutschland – ganz anders als in den USA – keine Rechtsprechung, die sich an den Urteilen der obersten Gerichte orientieren muss. Unsere Richter sind nicht an andere Urteile gebunden, sondern nur an das Gesetz. Und das kann man, wie man sieht, ganz unterschiedlich auslegen.

Solche erstaunlichen Urteile sind meist noch nicht rechtskräftig, d.h., das Verfahren ist noch gar nicht zu Ende. Es handelt sich um ein spektakuläres Zwischenergebnis auf unterer Ebene, aber um nicht mehr. Die besseren Redakteure der Zeitungen wissen das meist, vergessen aber, darauf hinzuweisen, weil es so viel mehr Aufmerksamkeit erzielt. Wenn später das zuständige Obergericht die schneidige Entscheidung geraderückt, findet man es klein gedruckt auf Seite 17.

Warten wir also einmal ab, was mit diesem spektakulären Urteil passiert. Falls der Sachverhalt ähnlich gelagert ist, wird die Entscheidung später sicher aufgehoben, spätestens, wenn sie beim BVerwG ankommt.

Exkurs: Die Rechtsmittel

In den Urteilen tauchen immer wieder Rechtsmittel und ihre Unterformen wie „Widerspruch“, „Berufung“ oder „Beschwerde“ auf. Natürlich wissen Sie grundsätzlich, was sich dahinter verbirgt, aber manchmal gibt es wenig bekannte Feinheiten, die Sie als Interessierte kennen sollten.

Fangen wir mit dem Oberbegriff der „Rechtsmittel“ an, der eigentlich etwas ungenau ist. Der korrekte Begriff lautet „Rechtsbehelfe“. Die Rechtsmittel sind eine Unterform davon, allerdings die größte und wichtigste Gruppe. Als Nichtjurist dürfen Sie jedoch gerne „Rechtsmittel“ sagen. Selbst die Verwaltungsbehörden verwechseln manchmal die Begriffe. Sie sind also nicht allein.

Voraussetzung für die Einlegung von Rechtsmitteln (Rechtsbehelfen) ist es, dass ein **Verwaltungsakt** einer Behörde vorliegen muss. Bei einem Verwaltungsakt handelt es sich, man kann es gar nicht oft genug sagen, um eine Entscheidung von erheblichem Gewicht, die eine Behörde in einem Einzelfall mit Rechtswirkung nach außen fällt.

Nun kann man gegen einen belastenden Verwaltungsakt nicht sofort klagen, sondern ein sog. Vorverfahren, das **Widerspruchsverfahren**, wird vorgeschaltet. Das hat die Gerichtsbarkeit so eingerichtet, um nicht mit belanglosen Klagen überschüttet zu werden. Ein Großteil der belastenden Verwaltungsakte erledigt sich nämlich im Vorfeld. Beispiel: Gegen die Entscheidung der Schule, z.B. eine Nichtversetzung, wird Widerspruch eingelegt, über den die Schule entscheiden muss. Dazu führt sie eine **Abhilfeprüfung** durch: Sie prüft also, ob man dem Widerspruch eventuell abhelfen kann. Entweder wird dem Widerspruch des Antragstellers stattgegeben, oder die Ablehnung hält ihn in der Mehrzahl der Fälle davon ab, weitere Schritte zu unternehmen. So funktioniert der Filter des Vorverfahrens.

Allerdings gibt es Bestrebungen, das für den Bürger einfache und kostengünstige Vorverfahren abzuschaffen, um die Verwaltungsbehörden von Widersprüchen zu entlasten. Dadurch wird die Latte für den Bürger deutlich höher gelegt. Entweder strengt er eine kostspielige Klage an – oder er findet sich mit der unbequemen Entscheidung ab. Dieses Prinzip gilt aber noch nicht für das Schulrecht, hier gilt noch das Vorverfahren.

Eine Klage ist dort folglich erst zulässig, wenn der Widerspruch zurückgewiesen wurde. In schulischen Dingen wird sie vor dem Verwaltungsgericht geführt, da die Schule zum (besonderen) Verwaltungsrecht gehört. Im Verwaltungsprozess werden beide Parteien gehört, darüber hinaus ist das Gericht verpflichtet, sich selbst ein Bild von der Angelegenheit zu machen.

Nach diesem Beweisverfahren kommt das Gericht zu einer Entscheidung, die in der Regel zu einem **Urteil** führt. Manchmal genügt aber nur ein **Beschluss**. Dieser verlangt weniger Förmlichkeit bei der Begründung und der schriftlichen Niederschrift. Ein Urteil ist für das Gericht mit mehr Arbeit verbunden, weil es in einer ganz bestimmten Form abgegeben bzw. schriftlich verfasst werden muss. Ein Beschluss ergeht demnach häufig in Dingen, die das Gericht für nicht so bedeutsam hält. Gegen einen Beschluss kann man eine Beschwerde in der nächsten Instanz einlegen.

Doch wie geht es weiter, wenn ein Urteil gesprochen wurde, der Kläger damit jedoch nicht einverstanden ist? Sicher haben Sie schon die Begriffe Berufung und Revision gehört, aber wo ist der Unterschied? Zunächst einmal gibt es eine Reihenfolge: *Grundsätzlich erst die Berufung, dann die Revision.*

Bei einer **Berufung** wird das gesamte Verfahren vor einer höheren Instanz erneut abgewickelt. Die Beweisaufnahme wird noch einmal vollzogen, es werden Zeugen oder Sachverständige gehört. Statt eines Einzelrichters entscheiden in der höheren Instanz drei Richter. Zudem haben diese Richter erst in der unteren Instanz gearbeitet und somit mehr Erfahrung. Dies alles führt im Regelfall zu einem Urteil in höherer Qualität.

Falls unser Kläger auch mit diesem Urteil nicht zufrieden ist, legt er bzw. sein Anwalt **Revision** ein. Auch sie ist eine Überprüfung des Urteils, allerdings eine eingeschränkte. Das Urteil wird nur in rechtlicher, aber nicht in „tatsächlicher" Hinsicht überprüft. Das heißt, in der Revision werden alle Feststellungen zum Sachverhalt aus dem vorigen Verfahren übernommen. Was das Vorgericht in seiner Beweisaufnahme anerkannt hat, wird nun als Tatsache vorausgesetzt. So werden z.B. keine Zeugen oder Sachverständige mehr gehört.

Und was wird dann überprüft? Es geht um die Kontrolle, ob das Recht richtig angewandt wurde. Wurden die richtigen Paragraphen für die Entscheidung herangezogen? Wurden sie richtig ausgelegt? Wurden wichtige Rechtsgrundsätze wie der Grundsatz der Verhältnismäßigkeit beachtet?

Nun sind wir fast durch, es fehlt nur noch die **Beschwerde**. Normalerweise bezeichnet der Begriff der „Beschwerde" eine niedrige Stufe eines Einspruchs. Man kann sich über die Entscheidung oder das Verhalten eines Beamten beschweren, bevor man Widerspruch und Klage erhebt.

Aber auch die Anrufung unseres höchsten Gerichts wird mit diesem Begriff gekennzeichnet. Wenn man glaubt, in seinen Grundrechten durch den Staat, und dazu gehört auch die Schule, beeinträchtigt zu sein, kann man vor das Bundesverfassungsgericht gehen und dort eine **Verfassungsbeschwerde** einreichen. Damit das BVerfG einen Fall zur Entscheidung annimmt, muss allerdings in der Regel erst der reguläre Rechtsweg ausgeschöpft sein, also vom Verwaltungsgericht bis zum Bundesverwaltungsgericht, und der Fall muss eine grundsätzliche Bedeutung haben. Diese beiden Bedingungen führen dazu, dass von Tausenden Verfassungsbeschwerden jährlich nur wenige übrigbleiben, die zur Entscheidung angenommen werden. Nun aber geht es von diesem kleinen Exkurs wieder zurück zu den Urteilen.

7 Nichtversetzung und Schulverweisung

Sachverhalt: Im schönen Hessen wurde ein nur mäßig intelligenter Schüler eines Gymnasiums sowohl in der 6. als auch in der 7. Klasse leider nicht versetzt. Wegen der Nichtversetzung in zwei aufeinanderfolgenden Klassen sollte er eigentlich die Schule verlassen. Aber der Schüler bzw. seine ehrgeizigen Eltern legten erst Widerspruch und dann Klage gegen diese Entscheidung ein.

Während das Verfahren anlief, besuchte der Schüler vorläufig die 7. Klasse und zeigte dort zunächst etwas bessere Leistungen. Da die wohlwollende Schule die klagefreudigen Eltern nicht verärgern wollte, gestattete man ihm daraufhin ausnahmsweise, doch auf der Schule zu bleiben und die 7. Klasse zu wiederholen. Die schloss er auch einigermaßen erfolgreich ab. Danach ging es jedoch langsam aber sicher wieder bergab, sodass er am Ende der 10. Klasse erneut nicht versetzt wurde (vier Fünfen und eine Sechs).

Daraufhin sollte er die Schule verlassen, was ihm bzw. seinen ehrgeizigen Eltern gar nicht einleuchtete. Da die Schule diesmal überraschend keine Ausnahme mehr machte, wurde in bekannter Manier erst Widerspruch eingelegt und dann Klage erhoben.

Die Eltern rügten, dass die Regelungen für das Verlassen der Schule nicht ausführlich im Gesetz, sondern lediglich in einer Verordnung des Kultusministeriums geregelt seien. Vor allem aber verstoße die Verweisung von der Schule gegen die Grundrechte des Schülers, gegen sein Recht auf freie Entfaltung der Persönlichkeit (Art. 2 GG) und gegen das Grundrecht der freien Berufswahl (Art. 12 GG).

Aus nachvollziehbaren Gründen entschied das Bundesverfassungsgericht anders: Zunächst einmal unterschied es zwischen der leichteren einmaligen Nichtversetzung und der schwereren Entlassung von der Schule wegen mehrmaliger Nichtversetzung. Auch die Entlassung wurde als rechtmäßig angesehen, falls sie gesetzlich vorgesehen sei. Und das war sie ansatzweise, allerdings waren etliche Details über eine Verordnung geregelt. Das sei zwar rechtlich nicht optimal, aber für eine Übergangszeit hinzunehmen.

Wichtiger als diese formale Frage war indes die inhaltliche. Dass die Verweisung von einer bestimmten Schulart das Persönlichkeitsrecht und die Freiheit der Berufswahl des Schülers berührt, sah das BVerfG als unbestritten an. Allerdings seien auch die notwendigen Regelungen für einen **funktionsfähigen Betrieb** zu klären. Für eine funktionsfähige Schule, so das BVerfG, sei es unerlässlich, nicht jede Jahrgangsstufe beliebig oft wiederholen zu können.

Deshalb müssten die Schulen zur Erfüllung ihrer Aufgaben und zum Schutz der anderen Schüler über Mittel verfügen, Schüler zu entlassen, die zur Mitarbeit ungeeignet sind. Da der Schüler zweimal gezeigt habe, dass er der Mitarbeit im Gymnasium nicht gewachsen sei, komme auch eine von den Eltern vorgeschlagene Nachprüfung als Alternative nicht in Betracht.

Entscheidung des BVerfG, Beschluss vom 20.10.1981:
Die Nichtversetzung und Entlassung eines Schülers von der Schule wegen wiederholter unzureichender Leistungen ist rechtmäßig.

Kommentierung: Ein Urteil, das die meisten Kultusministerien gerne unterschlagen würden, weil sie am liebsten jeden noch so schwachen Schüler versetzt sehen wollen. Das gibt positive Bilanzen über das Schulwesen, mit denen man diejenigen beeindrucken kann, die nicht wissen, wie es hinter den Kulissen läuft. Und wenn die Funktionsfähigkeit der Schulen unter der Menge der schwachen Schüler leidet, müssen die vorhandenen Lehrer dies eben durch erhöhten Einsatz fördernd ausgleichen.

Aber das Urteil unseres höchsten deutschen Gerichts stärkt all jenen Kollegen und Kolleginnen den Rücken, die leistungsschwachen oder lernunwilligen Schülern zum Jahresende tatsächlich noch Fünfen geben.

P.S.: Man glaubt als Lehrer kaum, wie praxisnah manchmal die Juristen sind: In einem anderen Urteil zum Sitzenbleiben stellt das BVerfG ganz allgemein fest, dass die Nichtversetzung als pädagogische Maßnahme den künftigen Lebensweg eines Schülers durchaus positiv beeinflussen kann. Wer hätte das gedacht?

Beamtenrecht

Als sich ein Kollege zu sehr ans Beamtenrecht klammerte

Nach den Urteilen zu grundrechtlichen Aspekten der Schule geht es nun zu den Entscheidungen, die sich konkret mit Ihrer Rechtsposition als Lehrer oder Lehrerin befassen. Wenn Sie nicht zu denen gehören, die als Angestellte arbeiten, sind Sie Beamte. Als solche stehen Sie in einem ganz besonders engen Verhältnis zum Staat. Das hat man Ihnen vor oder bei der Vereidigung sicher erzählt, aber diese Belehrungen sind meist so formelhaft, dass man kaum etwas versteht. Auch diejenigen, die es salbungsvoll vortragen, wissen meist gar nicht so recht, was sich genau dahinter verbirgt.

Zwar sind im Schulgesetz Ihres Landes einige spezielle Lehrerpflichten festgelegt, es gibt aber kein spezielles Beamtenrecht für Lehrer. Was es gibt, ist ein Beamtenrecht, das gleichermaßen für Polizisten, Finanzbeamte oder für Lehrer gilt – eben für alle, die im weitesten Sinne hoheitliche Befugnisse erfüllen. Ich weiß natürlich nicht, ob Sie Ihre Lehrertätigkeit als „hoheitliche" Tätigkeit empfinden. Schließlich gibt es eine lebhafte Diskussion über die Abschaffung des Beamtenstatus für Lehrer. Falls Sie jedoch der Meinung sind, dass wir in der Schule nicht nur Wissen vermitteln, sondern Kinder und Jugendliche auch zu sozial angemessenem Verhalten erziehen, dann üben Lehrer eine staatstragende, d.h. hoheitliche, Tätigkeit aus, die nicht hoch genug geschätzt werden kann.

Das Verhältnis des Beamten zu seinem Dienstherrn (dem Land) ist besonders eng. In angenehmer Form wird das immer spürbar bei den Rechten, die der Beamte besitzt. Über die prinzipielle Unkündbarkeit freut man sich zwar nicht, wenn man abgekämpft aus der Schule kommt, aber vielleicht dann, wenn der Nachbar wegen betriebsbedingter Kündigung seinen Job verloren hat.

Deutlich spürbarer sind hingegen die Pflichten, die man vom Beamten fordert. Und Sie werden bei den folgenden Urteilen feststellen, dass der Dienstherr und die Gerichte, was die Pflichten des Beamten betrifft, erstaunlich rigide sind. Gefordert werden recht formalisierte Verhaltensweisen, wie man als Beamte miteinander umzugehen hat. Vor allem die jüngeren Kollegen, die generell einen lockeren Kontakt pflegen, tun sich manchmal schwer mit „Stil und Form“ des gegenseitigen Umgangs. Aber: Wer sich an die Regeln des Beamtenrechts hält, wird aber auch geschützt. Denn auch der Dienstherr hat seiner Fürsorgepflicht nachzukommen.

Die Lektüre der folgenden Urteile wird hoffentlich dazu beitragen, nervenaufreibende und manchmal unnötige Reibungen mit dem Dienstherrn auf ein Minimum zu reduzieren. Der Schulalltag ist schon schwierig genug.

8 Nichtbefolgen einer Weisung

Sachverhalt: Zu Zeiten des alles beherrschenden Vietnamkrieges gab es einmal eine fortschrittliche Ganztagsschule in Berlin. Deren Gesamtkonferenz beantragte beim Schulleiter, dass engagierte Schüler in der Mittagspause einen Film zum Vietnamkrieg mit dem aufschlussreichen Titel „Jüngste Verbrechen der USA“ zeigen dürfen.

Der Schulleiter versagte die Genehmigung und teilte dies den Lehrern im „Mitteilungsbuch“ der Schule mit. Er begründete seine Entscheidung damit, der Film sei weder über die Landesbildstelle zu bekommen, noch von der Filmkommission für Jugend und Schule empfohlen worden. Und an einer Ganztagsschule (8:00 bis 16:00 Uhr) gehöre schließlich auch die Mittagspause zur Unterrichtszeit.

Trotz des Verbots führte Lehrer A. etwa eine Woche später den Film, den einige Schüler mitgebracht hatten, in seinem Sozialpädagogik-Kurs vor. Das kam natürlich heraus und der Kollege wurde erst zum Schulleiter, dann zur Schulbehörde zitiert.

In seiner Anhörung brachte der Lehrer zu seiner Entlastung vor, der Film sei von den Schülern unaufgefordert mit in die Schule gebracht worden. Zwar habe er das Verbot über das Mitteilungsbuch gekannt, aber es sei es für ihn aus mehreren Gründen nicht nachvollziehbar gewesen. Er sei der Ansicht, der

Film passe ausgesprochen gut zum Kursthema „Schwierigkeiten des Einzelnen in einer unübersehbaren Welt".

Insbesondere betrachte er die Entscheidung des Schulleiters als unzulässigen Eingriff in seine pädagogische Freiheit, denn der Film sei bereits an einer anderen Berliner Schule gezeigt worden. Auch kenne der Schulleiter den Inhalt des Films nicht, sondern habe ihn vorschnell nur aufgrund des Titels verboten. Darüber hinaus habe Lehrer A. das Verbot für sich nicht als verbindlich betrachtet, da er zum Zeitpunkt der Vorführung nur noch vier Wochenstunden an dieser Schule, die große Mehrheit der Stunden jedoch an einer anderen Schule unterrichtete.

Alle diese Einlassungen überzeugten die Schulbehörde nicht. Nach Abschluss des Verfahrens erhielt der Lehrer wegen seines Dienstvergehens eine schriftliche Missbilligung. Trotz der geringen Schwere der verhängten Maßnahme wandte er sich dagegen, sodass die Sache zum Verwaltungsgericht ging.

Dieses bestätigte die Entscheidung der Schulbehörde, ging aber in seinem Urteil nicht nur auf die Missachtung des Verbots ein. Als ebenso schwerwiegend wurde erachtet, dass der Lehrer als Beamter seinen Vorgesetzten nicht auf die vermeintliche Fehlentscheidung hingewiesen hatte. Er wäre verpflichtet gewesen, dem Schulleiter seine Einwände mitzuteilen und an einer Korrektur der Entscheidung mitzuarbeiten.

Entscheidung des VG Berlin, Beschluss vom 30.04.1974:
Ein Lehrer, der eine Weisung seines Schulleiters für falsch hält und sich darüber hinwegsetzt, verletzt neben der Gehorsamspflicht auch seine Pflicht, dem Schulleiter etwaige Bedenken vorzutragen.

Kommentierung: Genau wegen des letztgenannten Aspektes habe ich das Urteil ausgesucht. Dass die Vorführung eines umstrittenen Films, die vom Schulleiter verboten wird, gegen das Beamtenrecht verstößt, ist recht einsichtig. Wären die engagierten Kollegen etwas geschickter gewesen, hätte man auf eine Anfrage zwecks einer zentralen Schulaufführung verzichtet. Dann hätte jeder Kollege den (nicht verbotenen!) Film separat in seinem Unterricht zeigen können. Aber man wollte vermutlich eine Schulvorführung mit anschließender überwältigender Solidaritätskundgebung, worauf ein durchschnittlicher Schulleiter kaum anders reagieren konnte.

Durch das Argument, er habe geglaubt, er sei nicht an eine vermeintliche Fehlentscheidung des Schulleiters gebunden, hat sich der Kollege selbst ein Bein gestellt. Sowohl der Bildungssenator (Kultusminister), vor allem aber das Gericht haben dem Lehrer gezeigt, inwiefern er gegen das Beamtenrecht verstoßen hat:

Der wichtige juristische Fachbegriff hierbei lautet **Remonstrationspflicht** (§ 56 BBG). Selbstredend kann ein Vorgesetzter eine Fehlentscheidung fällen. Aber nun kommt das besondere Vertrauensverhältnis der Beamten untereinander zum Tragen (Pflicht zur vertrauensvollen Zusammenarbeit, § 55 BBG). Der Beamte darf sich nicht *hinter dem Rücken* des Vorgesetzten über dessen dienstliche Anordnung hinwegsetzen. Die Angelegenheit muss sauber geklärt werden, so oder so.

Vor allem darf der Beamte seinen Vorgesetzten nicht „ins Messer laufen lassen", wenn er echte Bedenken gegen die Rechtmäßigkeit der Weisung hat. Vielmehr muss er seine Zweifel dem Vorgesetzten vortragen. Das ist der Inhalt der Remonstrationspflicht.

Wird die Weisung aufrechterhalten, wird die Angelegenheit dem nächsthöheren Vorgesetzten vorgetragen, der dann entscheidet. Ist dieser nicht zu erreichen, muss die Angelegenheit allerdings sofort umgesetzt werden, d.h., der Beamte hat der Weisung des Schulleiters zu folgen. Eine Ausnahme gilt nur dann, falls die Anordnung gegen das Strafgesetz oder die Menschenwürde verstößt.

Fazit: Lehrer müssen auch mit ihren Vorgesetzten vertrauensvoll umgehen und ihnen gegenüber mit offenen Karten spielen. Das gilt im Zuge einer vertrauensvollen Zusammenarbeit aber auch umgekehrt: Der Schulleiter darf seine Lehrer ebenfalls nicht „ins Messer laufen lassen", wenn er meint, sie würden etwas Rechtswidriges tun.

9 Diebstahl von Schuleigentum durch Lehrer

Sachverhalt: Die auf ihren Vorteil bedachte Schulleiterin einer Sonderschule erwarb im Namen der Schule verschiedene Haushaltsgeräte (z. B. Kühlschrank, Mikrowelle, Folienschweißgerät). Sie führte diese überaus nützlichen Geräte aber nicht der Schule zu, sondern ihrem privaten Haushalt. In Absprache mit der Lieferfirma wurden entweder Rechnungen so manipuliert, dass nur die Großgeräte auftauchten, Kleingeräte (Folienschweißgerät) aber „unter der Hand" geliefert wurden, oder es wurden zwei Geräte gekauft und bezahlt, aber nur eines davon kam in die Schule.

Die erforderliche Inventarisierung durch die zuständige Lehrmittelverwalterin verzögerte die Schulleiterin immer wieder. Schließlich bot sie der Kollegin ebenfalls ein Folienschweißgerät an, was diese aber rundweg ablehnte. Daraufhin erteilte die Direktorin der Kollegin ein Redeverbot über die dubiosen Vorgänge, woran sie sich aber nicht hielt. Als sich die Angelegenheit in der

Schule herumsprach, brachte die Schulleiterin die Gegenstände endlich in die Schule und sagte sinngemäß, jetzt könne ihr keiner mehr.

Das war jedoch ein voreiliger Trugschluss, denn die Schulbehörde stellte Ermittlungen an und beurteilte die Diebstahlsvorwürfe als gerechtfertigt. Selbst die Behauptung der Schulleiterin, sie habe die Geräte zu Hause testen und später der Schule zuführen wollen, überzeugte die Schulbehörde nicht.

Die Direktorin wurde vorläufig aus dem Dienst entlassen, da das Ansehen des öffentlichen Dienstes durch sie wesentlich beeinträchtigt worden sei. Gleichzeitig wurde ein Disziplinarverfahren gegen sie eingeleitet, welches ihre Entlassung aus dem Beamtenverhältnis zum Ziel hatte. Dagegen wandte sich die Schulleiterin und ging vor Gericht.

Allerdings kam auch das Gericht zu der Überzeugung, dass die Lehrerin sich die besagten Gegenstände aneignen wollte. Alles, was die Betreffende anführte (z.B. Vereinfachung der Abrechnung!), wurde als **unglaubwürdige Schutzbehauptung** eingestuft. Bereits die Manipulation von Rechnungen sei ein Dienstvergehen, so das Gericht – viel mehr aber noch die Aneignung von Dingen, die mit anvertrauten öffentlichen Geldern angeschafft wurden. Ein solcher Diebstahl rechtfertige grundsätzlich die sofortige Entlassung aus dem Dienst, denn dem Dienstherrn könne die Fortsetzung des Beamtenverhältnisses unter diesen Umständen nicht zugemutet werden.

Entscheidung des VG Trier, Beschluss vom 11.09.1992:
Eine Lehrkraft, die sich an ihr anvertrauten Gegenständen vergreift, zerstört das Vertrauen so nachhaltig, dass sie aus dem Beamtenverhältnis entfernt werden muss.

Kommentierung: Tja, beim Geld versteht der (sonst eher großzügige) Dienstherr keinen Spaß. Selbst bei einem deutlich geringeren finanziellen Schaden wäre der Fall grundsätzlich nicht anders zu beurteilen. Die knackige Entscheidung hing auch nicht davon ab, dass es sich um eine Schulleiterin handelte. Selbst ein „einfacher" Lehrer müsste mit seiner sofortigen Entlassung rechnen. Wollen wir einmal pingelig sein? Sogar wenn ein Lehrer ohne Genehmigung Schuleigentum, z.B. einen Laptop, mit nach Hause nimmt und dort benutzt (und abnutzt), schädigt er indirekt durch den Wertverlust den Dienstherrn.

Unzufrieden mit dieser harten Kommentierung? Sie meinen, das tun doch viele? Das mag ja sein, aber korrekt ist es trotzdem nicht. Und ich möchte verhindern, Sie als Folge eines Kollegenstreits einmal mit Vorwürfen konfrontiert zu sehen, bei denen es letztlich um ein paar Euro geht.

Also: Zum unverzichtbaren Verhaltensgebot für Beamte gehört die etwas pathetisch formulierte „volle Hingabe". Und dazu gehört eben auch, dass der Lehrer aus seiner dienstlichen Tätigkeit und dem Zugriff auf bestimmte Gegenstände keine privaten (finanziellen) Vorteile ziehen darf. Man darf als Beamter nicht einmal die Kürzungen der Beihilfe oder des Weihnachtsgeldes individuell ausgleichen, indem man jedes Jahr einen DVD-Spieler mitgehen lässt. Ist das nicht gemein?

P.S.: Neben dem Disziplinarverfahren kam auf die auf ihren Vorteil bedachte Kollegin selbstredend noch ein ganz reguläres Strafverfahren wegen Diebstahls zu. Aber das war in diesem Zusammenhang das deutlich kleinere Übel, denn da gab es nur eine Bewährungsstrafe.

10 Fürsorgepflicht des Dienstherrn

Sachverhalt: Drei Lehrer eines Gymnasiums verfassten in ihrer Freizeit ein Buch mit dem Titel: „Ich bin katholisch getauft und Arier". Hierin behandelten sie die Geschichte ihrer Schule und die Situation deren jüdischer Schüler in der NS-Zeit. Im Zuge der Publikation erhoben sie öffentlich den Vorwurf, ihr Schulleiter habe sie bei der Erstellung des Buches behindert.

Dieser forderte Schutz vor solch ungerechtfertigten Angriffen und wandte sich an seinen Regierungspräsidenten, der jedoch eine Unterstützung zunächst zurückwies. Dafür wurde der Fall von Presse und Fernsehen begierig aufgenommen. Der Schulleiter strengte daraufhin ein Gerichtsverfahren vor dem zuständigen Verwaltungsgericht an, um den Regierungspräsidenten zu verpflichten, ihn vor solchen Angriffen zu schützen.

Unter dem Druck des Gerichtsverfahrens gelang das, was vorher unmöglich schien: Die Parteien einigten sich und legten den Streit bei. Parallel beantragte der Schulleiter gegen sich selbst ein Disziplinarverfahren, das mit der Feststellung abgelehnt wurde, gegen ihn bestehe kein Verdacht eines Dienstvergehens. Eigentlich hätte der Fall hier zu Ende sein können, aber ...

Einige Zeit später hielt der Kultusminister eine Rede vor der „Arbeitsgemeinschaft verfolgter Sozialdemokraten" und prangerte darin den besagten Schulleiter an (Verdrängung der NS-Vergangenheit, Diffamierung der Autoren). Zwar wurde der Name nicht genannt, aber Eingeweihten war sofort klar, wer das Ziel dieser Anschuldigungen war.

Der Schulleiter erfuhr von diesen erneuten Vorwürfen, klagte und forderte eine öffentliche Richtigstellung, die vom Verwaltungsgericht und dem OVG abgelehnt wurde. Die Begründung: Auch ein Kultusminister habe das Recht, in der Öffentlichkeit deutliche Worte zu gebrauchen.

Mit dieser Auffassung war der Schulleiter nicht einverstanden, und so kam die Sache vor das Bundesverwaltungsgericht. Hier gab es eine Überraschung, denn seine Klage wegen Verletzung der Fürsorgepflicht des Dienstherrn hatte endlich Erfolg. Das BVerwG sah nämlich zwischen dem Kultusminister als Dienstherrn und seinem Beamten ein besonders enges Verhältnis, anders als zwischen Kultusminister und irgendwelchen Privatpersonen. Im Beamtenrecht müsse deshalb mit einem eigenen Maßstab geurteilt werden. Diesem strengen Maßstab einer umfassenden Fürsorgepflicht würden aber die öffentlichen Äußerungen des Ministers nicht gerecht.

Kritik am Beamten habe über die dienstlichen Wege zu erfolgen und nicht über die Öffentlichkeit. Der Kultusminister habe es nicht nur unterlassen, seinen Beamten gegen unberechtigte Vorwürfe in Schutz zu nehmen, sondern habe sogar öffentlich ungerechtfertigte Kritik an diesem geübt. Das Land wurde dazu verurteilt, die verursachten Beeinträchtigungen in geeigneter Weise rückgängig zu machen (z.B. durch Richtigstellung oder Entschuldigung).

Entscheidung des BVerwG, Urteil vom 29.06.1995:
Die Fürsorgepflicht verbietet es dem Dienstherrn, den Beamten durch Kritik an dessen Amtsführung gegenüber Dritten bloßzustellen.

Kommentierung: Vermutlich hat die konservative Einstellung des Schulleiters den Kultusminister gewurmt, aber er konnte ihm außer einer politisch „falschen“ Einstellung nichts Konkretes vorhalten. Sonst hätte er ihn ja anweisen können (und müssen), sein Verhalten zu ändern. Stattdessen hat man sich vor Gericht formal geeinigt, eine floskelhafte Ehrenerklärung für den Schulleiter abgegeben – und dann später nachgetreten, um in der Öffentlichkeit billig ein paar Wählerstimmen zu sammeln.

Ich kenne den betreffenden Schulleiter nicht, vielleicht war er ja wirklich ein erzkonservativer Knochen, aber so etwas macht man einfach nicht. Das ist schlechter Stil.

Man muss als Gericht schon recht weit vom politischen Einflussbereich weg sein, um solch ein politisch unpopuläres Urteil zu fällen. Das BVerwG hat glücklicherweise eine solche Distanz. Die Verwaltungsgerichte des jeweiligen Bundeslandes tun sich da schon etwas schwerer, einen Minister ihres Landes in die Schranken zu weisen.

Dabei ist das Grundprinzip des Beamtenrechts ganz einfach: Meinungskämpfe dürfen nicht nach außen getragen werden, weder vom Lehrer noch vom Dienstherrn, der in der öffentlichen Aufmerksamkeit über ungleich stärkere Waffen verfügt. Meinungsverschiedenheiten werden grundsätzlich *intern* geklärt. Manchmal einvernehmlich, manchmal durch eine Weisung, die auszuführen ist. So ist das eben. Die Öffentlichkeit wird lediglich über die Ergebnisse informiert, aber mehr nicht. Auf keinen Fall darf sie als „Hilfstruppe“ mobilisiert werden, um Druck auf die andere Seite auszuüben.

Das Urteil gilt ganz grundsätzlich, also werden nicht nur Schulleiter geschützt. Auch der einzelne Lehrer darf nicht von seinem Schulleiter öffentlich kritisiert werden, da dieser ihm gegenüber ebenfalls eine Fürsorgepflicht hat. Mit der „Flucht in die Öffentlichkeit“ beschäftigt sich Urteil 14.

11 Arbeitsmaterialien vom Dienstherrn

Sachverhalt: Vor gar nicht so langer Zeit gab es einmal einen Oberstudienrat, der an einer Berufsbildenden Schule in Rheinland-Pfalz tätig war. Schulträger war der Landkreis. Im Zuge der Planung des Unterrichts führte die zuständige Fachkonferenz ein bestimmtes Geschichtsbuch ein. Die Schüler erhielten die Bücher über die Lernmittelfreiheit, für die Lehrkräfte wurden jedoch keine Exemplare angeschafft.

Da der Kollege das Buch jedoch zwingend für den Unterricht benötigte, kaufte er sich das benötigte Lehrwerk aus eigener Tasche und forderte den Betrag (18,32 Euro) zunächst vom Land als Dienstherrn, später vom Schulträger zurück. Beide verweigerten jedoch die Erstattung. Die Angelegenheit ging daher vor Gericht, und zwar zuerst zum Verwaltungsgericht. Das VG verpflichtete das Land, dem Lehrer die Kosten des Buches zu erstatten.

Gegen diese Entscheidung ging der Dienstherr mutig in die Berufung und hatte Erfolg, allerdings nur in Bezug auf den konkreten Fall mit seinen Besonderheiten. Im wesentlichen Punkt jedoch wurde die Meinung des Lehrers auch von der nächsten Instanz indirekt bestätigt. Das OVG entschied zwar, dass dem Lehrer das Geld für das Lehrbuch nicht erstattet werden müsse, weil er das Buch ohne Erlaubnis bzw. ohne weitere Rücksprache mit dem Dienstherrn angeschafft habe. Allerdings stellte das Gericht so ganz nebenbei fest, dass der Dienstherr natürlich den Lehrkräften die verbindlich eingeführten Schulbücher zur Verfügung stellen müsse. Sie müssten aber, da sie Eigentum der Schule seien, nach dem Ende des Schuljahres wieder zurückgegeben werden.

Entscheidung des OVG Koblenz, Urteil vom 26. 02. 2008:
Der Dienstherr muss seinen Lehrkräften die Schulbücher zur Verfügung stellen, die für den Unterricht benötigt werden.

Kommentierung: Das wurde aber auch Zeit! Licht am Ende des Tunnels! Mittlerweile gibt es nicht nur ein rechtskräftiges Urteil, sondern schon zwei. Andere Verfahren sind noch anhängig. Es werden vermutlich noch mehr Urteile werden, die diese Tendenz bestätigen. Zunächst eine Erklärung des Urteils: Da es vor diesem Gericht nicht um die prinzipielle Frage der Arbeitsmaterialien ging, sondern um die Entscheidung zu einem ganz konkreten Fall, konnte das Gericht nicht anders entscheiden. Wenn Sie den Fall noch einmal lesen, werden Sie feststellen, dass der Kollege *bereits gekauft* hatte, bevor er dann vom Dienstherrn die Erstattung forderte.

Nach den vorigen Urteilen zum Beamtengesetz müssten Sie eigentlich schon geahnt haben, dass nicht jeder Lehrer einfach so, d.h. ohne Genehmigung seines Vorgesetzten, einkaufen kann. Hart ausgedrückt hat der Lehrer hier hinter dem Rücken seines Dienstherrn gehandelt. Er hätte ihn, am besten schriftlich, auf seine mögliche Fehlentscheidung hinweisen müssen (Remonstration). Erst nach dem Hinweis und der Ablehnung des Dienstherrn, ihm ein Buch zu beschaffen, wäre der selbstständige Kauf gerechtfertigt gewesen.

Ich weiß natürlich auch, wie lange so etwas dauert. Aber erstens sind Lehrer Beamte und damit an den Dienstweg gebunden, und zweitens hätte es nicht der Lehrer zu vertreten, wenn er ohne Buch den Unterricht nicht ordnungsgemäß durchführen kann. Was meinen Sie, wie folgende schriftliche **dienstliche Erklärung** an das Kultusministerium die Angelegenheit beschleunigt hätte: „Ich sehe mich nicht in der Lage, die vorgegebenen Unterrichtsziele zu erreichen, weil ich kein Lehrbuch zur Verfügung habe. Ich bitte um Anweisung, wie ich mich zu verhalten habe." Das braucht sich nicht einmal zu reimen, schlichte Prosa genügt. Wenn solch ein Dreizeiler über die Schule hinaus „nach oben" geht, dann kommt Bewegung in die Bude. Dann steht das Telefon des Schulleiters nicht mehr still. Denn die Behörde muss reagieren.

Falls die Anweisung kommt, tatsächlich ohne Buch zu unterrichten, dann macht man das natürlich als pflichtgemäßer Beamter. Aber die Wahrscheinlichkeit für eine solche Anweisung dürfte wohl gering sein. Kommt hingegen die Weisung, sich auf eigene Kosten das Buch zu kaufen, fällt es dem Gericht leicht, die Erstattung der verauslagten Kosten anzuordnen.

Merke: Man kann auch mit beamtenrechtlich korrektem Verhalten die Kultusbürokraten gehörig ins Schwitzen bringen.

Fazit: Der Dienstherr muss über die Auffassung, seine Weigerung sei eine Fehlentscheidung, informiert werden, und ihm muss die Möglichkeit gegeben werden, z.B. durch Sammelbestellungen von Büchern, die Kosten zu senken.

Erfreulich ist, dass die Richter jenseits des konkreten Falles dem Dienstherrn ins Stammbuch geschrieben haben, dass *er* dafür verantwortlich ist, den Lehrern die *zwingend benötigten* Unterrichtsmaterialien zur Verfügung zu stellen. Seit Jahrzehnten drückt sich der Dienstherr vor dieser Pflicht und nutzt den Idealismus der Lehrkräfte, um seine Kosten auf seine Arbeitnehmer abzuwälzen. Dies ist umso peinlicher, als der Dienstherr die Kosten vom Schulträger erstattet bekommen kann. Aber nach diesem und anderen Urteilen werden solche Fälle in Zukunft wohl reibungsloser ablaufen.

12 Ersatz für gestohlenes Lehrereigentum

Sachverhalt: Zu einer Zeit, als noch nicht jeder Schüler sein eigenes exklusives Handy hatte, geschah Folgendes: Eine Hauptschullehrerin aus Niedersachsen nahm im Dezember 2002 ihr privates Handy mit in die Schule, wo es ihr während einer Unterrichtsstunde entwendet wurde. Das Handy befand sich in ihrer Handtasche, die etwa 30 Minuten lang unbeobachtet im Nebenraum lag.

Die Kollegin forderte daraufhin von der Schule Schadensersatz in Höhe von 127 Euro. Diese wies die Forderung zurück, worauf die Kollegin klagte. Die erste Instanz (VG) wollte ihr Schadensersatz zugestehen, allerdings nicht in voller Höhe, da das Handy gebraucht war. Gegen diese Entscheidung ging die Bezirksregierung (jetzt Landesschulbehörde) in die Berufung.

Das OVG kam hingegen zu dem Ergebnis, dass überhaupt kein Anspruch auf Schadensersatz bestehe, und zwar aus folgenden Gründen: Der Dienstherr hafte nur für Gegenstände, die für die Wahrnehmung des Dienstes *unbedingt notwendig* seien und üblicherweise während dieser Zeit mitgeführt werden, wie z.B. Unterrichtsmaterialien oder Kleidungsstücke.

Das aber treffe auf ein privates Handy nicht zu. Es werde üblicherweise nicht bei der Wahrnehmung des Dienstes mitgeführt. Geschützt seien nur Gegenstände, die im Dienst oder zur Ausübung des Dienstes benötigt werden und an denen ein *objektiver Bedarf* bestehe. Da ein Diensttelefon in der Nähe der Unterrichtsräume vorhanden gewesen sei, sei der Einsatz eines privat genutzten Telefons nicht notwendig und der Ersatz ausgeschlossen.

Es komme nicht darauf an, ob es *nützlich* sei, ein Handy dabei zu haben, um im Notfall Hilfe herbeirufen zu können. Maßgebend sei, ob die Lehrerin ein Handy *benötige*. Die Entscheidung darüber, ob die Zahl der Schultelefone ausreichend sei, unterliege nicht der Beurteilung der Lehrerin, sondern liege im Ermessen des Dienstherrn. Dieser und nicht die Klägerin müsse im Unglücksfall die Verantwortung für die unzureichende Ausstattung tragen.

Außerdem habe die Lehrerin grob fahrlässig gehandelt, da sie ihre Tasche so lange unbeobachtet gelassen habe. Einen so wertvollen kleinen Gegenstand hätte sie bei sich führen oder verschließen müssen. Da es sich zudem um einen überschaubaren Schaden handele, sei dieser von ihr in voller Höhe zu tragen.

Entscheidung des OVG Lüneburg, Beschluss vom 14.02.2005:
Der Dienstherr ist nicht verpflichtet, für ein abhandengekommenes Handy einer Lehrerin Schadensersatz zu leisten.

Kommentierung: Also Vorsicht! Die Schule bzw. der Schulträger haftet nicht für privates Eigentum, das dienstlich nicht notwendig ist, wenn es in der Schule abhandenkommt und nicht eingeschlossen ist. Sinngemäß gilt etwas Ähnliches übrigens auch für Schüler, wie Urteil 23 zeigt.

Vielleicht würde ein Gericht heute, wo Handys die Nabelschnur zur Welt sind, den Fall des gestohlenen Handys anders beurteilen als 2005, aber sicher bin ich mir nicht. Denn die Pflicht, wertvolle Dinge sicher zu verwahren, gilt nach wie vor.

Ersatz gibt es also für das, was man direkt für den Unterricht benötigt und für Dinge, die man braucht, um zum Unterricht zu kommen. Versichert wären folglich auch der Mantel oder der Schirm, den man benötigt, um trockenen Fußes zur Schule zu kommen, nicht hingegen der wertvolle Pelzmantel – denn der ist nicht notwendig.

Unabhängig davon muss die Schule (genauer: der Schulträger) den Lehrkräften ausreichende Möglichkeiten geben, wertvolle oder für den Dienst notwendige Sachen (Arbeitshefte, Klausuren, Klassenbücher, ...) verschlossen aufzubewahren. Die Frage ist nur, was man zwingend zum Unterricht braucht. Das sehen diejenigen, die im Schadensfall dafür zahlen sollen, natürlich etwas restriktiver als die Lehrer. Im Zweifelsfall entscheidet ein Gericht, so wie bei dem Handy.

Spannend ist auch ein anderer Aspekt des Urteils. Die Lehrkräfte sind *nicht verpflichtet, Unzulänglichkeiten auszugleichen*, die der Dienstherr zu verantworten hat. Falls es zu wenige Diensttelefone in der Schule gibt und dadurch eine mögliche Gefahrensituation entstanden wäre, die der Lehrer erkannt hätte, müsste er als pflichtbewusster Beamter diesen vermeintlichen Mangel nach oben melden. Damit wäre die Sache für ihn erledigt. Der einzelne Lehrer müsste jedoch nicht über sein persönliches Handy diese Lücke schließen.

Etliche Lehrer machen sich hier zu viele Gedanken und bügeln mit hohem Aufwand und/oder unter persönlichen Kosten die Versäumnisse des Dienstherrn aus.

Dabei ist es für uns ganz simpel: Das, was der Dienstherr mit seinen auserwählten Fachleuten vorgibt, ist sicher gründlich durchdacht und in jeder Beziehung korrekt. Darauf dürfen wir uns verlassen. Wir können getrost davon ausgehen, alles habe seine Richtigkeit. Wenn es nur wenige Telefone in der Schule gibt, werden Dienstherr und Schulträger sich schon etwas dabei gedacht haben. Das sagt ja auch das Gericht ganz klar. Irgendwelche Folgen etwaiger Mängel hat der Dienstherr zu verantworten.

Fazit: Der Lehrer muss nicht ständig dem Dienstherrn unter die Arme greifen. Denn wer es macht, tut es letztlich auf eigene Rechnung und ohne jegliche Rückendeckung.

13 Meinungsfreiheit des Lehrers

Sachverhalt: Das Jahr 1977 neigte sich dem Ende entgegen. Die Diskussion um die Risiken der friedlichen Nutzung der Kernenergie hatte mit der Geschwindigkeit eines Buschfeuers auch die Lehrerschaft erfasst. Als sichtbare Folge davon trug ein Hamburger Politiklehrer (Grund-, Haupt- und Realschule) eine dieser netten gelben Plaketten mit der Aufschrift: „Atomkraft? Nein Danke!" Und der Kollege trug sie nicht nur in seiner Freizeit, sondern ebenfalls im Unterricht.

Das wurde ihm von seiner Schulleiterin untersagt. Gegen diese Anordnung erhob der Lehrer noch am gleichen Tag Widerspruch mit der Begründung, das Verbot des Plakettetragens sei ein unzulässiger Eingriff in sein Recht auf freie Meinungsäußerung.

Nach dem erfolglosen Widerspruchsverfahren ging es zum Verwaltungsgericht, das seiner Klage stattgab. Die Sache ging weiter, das Verfahren zog sich hin. Das OVG Hamburg, das über die Berufung der Hamburger Schulbehörde gegen das Urteil zu entscheiden hatte, kam etwa zehn Jahre später (1988) zu demselben Ergebnis, allerdings mit einer überraschenden Begründung:

Zwar sei das Verbot des Plakettetragens rechtmäßig gewesen, es dürfe aber nicht zeitlich unbegrenzt gelten. Da politische Auseinandersetzungen im Laufe der Zeit regelmäßig an Schärfe verlören, sei eine Befristung auf zwei Jahre angemessen. Ein Verbot über diese Zeit hinaus sei unverhältnismäßig.

Wegen der grundsätzlichen Bedeutung der Sache ging die Angelegenheit schließlich zum Bundesverwaltungsgericht. Dieses gab jedoch der Schule uneingeschränkt recht. Es gehe bei der Entscheidung nicht um die pädagogische Gestaltungsfreiheit, also wie der Lehrer das Thema Atomkraft im Unterricht behandle, sondern nur um das sichtbare Tragen der Plakette. Eine Befristung des Verbots sei nicht erforderlich. Vielmehr sei das Verbot so lange sinnvoll, wie der Lehrer den Wunsch habe, die Plakette zu tragen. Schließlich dürfe für Beamte das Recht auf freie Meinungsäußerung in bestimmtem Maße eingeschränkt werden. Im Rahmen des Dienstbetriebs müssten politische Auseinandersetzungen vermieden und das Vertrauen der Öffentlichkeit in die Neutralität der Schule dürfe nicht in Zweifel gezogen werden.

Nicht nur die Werbung für eine politische Partei, sondern auch das **Bekenntnis zu Bürgerinitiativen** mit politischen Zielen stelle eine unzulässige politische Meinungsäußerung dar. Das demonstrative, ständige Tragen der Plakette sei Werbung für ein bestimmtes politisches Ziel. In Verbindung mit der Autorität des Lehrers könne ein Anpassungszwang für minderjährige Schüler entstehen. Der Lehrer habe also nicht die Zurückhaltung gewahrt, wie sie von einem Beamten zu erwarten sei.

Entscheidung des BVerwG, Urteil vom 25.01.1990:
Das Tragen einer Anti-Atomkraft-Plakette durch einen Lehrer im Dienst verstößt gegen das Gebot der Zurückhaltung.

Kommentierung: Das Urteil ist vermutlich vielen Lesern und Leserinnen bekannt, also können wir es kurz machen: Nicht nur das Bekenntnis zu einer eingetragenen Partei, sondern auch das Werben für eine bestimmte *Haltung zu einer gesellschaftspolitischen Frage* ist dem Lehrer während des Dienstes untersagt (siehe auch Urteil 15). Für Schüler gilt – aus gutem Grund – etwas anderes, wie Sie in Urteil 5 gesehen haben.

Deutlicher als das OVG sagt das BVerwG: Lehrer dürfen ihre persönlichen Auffassungen nicht wirksamer durchsetzen als Normalbürger. Und da sie über den Unterricht und die Vergabe von Noten erheblichen Einfluss auf die Meinungsbildung besitzen, darf der Dienstherr ihre Meinungsfreiheit in politischer Hinsicht während der Schulzeit beschneiden.

Es ist nämlich der Schule versagt, zugunsten einer bestimmten politischen Position Stellung zu nehmen, weil durch Indoktrination die Rechte der Eltern (und Schüler) verletzt werden und die Akzeptanz der öffentlichen Regelschule letztlich abnehmen könnte. Eltern in einer staatlichen Schule sollen nicht fürchten müssen, ihr Kind werde beeinflusst. Weltanschauliche Prägungen sind über Privatschulen möglich, wobei aber auch diese der staatlichen Kontrolle unterliegen (Art. 7 I und IV GG) und sich an der Verfassung orientieren müssen.

14 Flucht in die Öffentlichkeit

Sachverhalt: Zur öffentlichen Schulentlassungsfeier trug ein frustrierter Lehrer einer 9. Hauptschulklasse mit seinen Schülern ein radikal pazifistisches Theaterstück vor. Dabei wurden die „Entmenschlichung" und „Eiseskälte" der Gesellschaft gegeißelt und die Kollegen als „Automaten" kritisiert. Auf Proteste der Zuhörer (Kollegen, Eltern, Vertreter des öffentlichen Lebens) reagierte der Lehrer mit scharfen, bissigen Bemerkungen und kritisierte in einem Rundumschlag das gesamte Kollegium und die Gesellschaft als „Dummschwätzer" und „Hetzer".

Die Dienstbehörde versetzte ihn daraufhin an eine andere Hauptschule, womit er nicht einverstanden war, weshalb er Widerspruch gegen die Maßnahme einlegte.

Nach der Bestätigung seiner Versetzung durch die Disziplinarkammer ging das Ganze bis zum Verwaltungsgerichtshof Baden-Württemberg. Der dort ansässige Disziplinarhof bestätigte die Entscheidungen der unteren Disziplinarinstanzen mit folgender Begründung: Bei einer Schulentlassungsfeier mit Eltern und Vertretern des öffentlichen Lebens habe das *Verbindende* im Vordergrund zu stehen.

Zudem gebiete der Einfluss von Lehrkräften auf minderjährige Schüler große Zurückhaltung bei weltanschaulichen Äußerungen. Erst recht sei es nicht zu tolerieren, Schüler für eigene politische Ziele einzuspannen.

Zwar sei es dem Lehrer nicht verwehrt, Kritik an schulischen Zuständen zu üben, aber diese habe konstruktiv zu sein und zum Abhelfen der Missstände beizutragen. Unsachliche und polemische Äußerungen überschritten dagegen die Grenze der zulässigen Kritik. Daran ändere auch eine künstlerisch-literarische Ausrichtung der Darstellung nichts. Die geforderte Loyalität gegenüber dem Dienstherrn werde durch die öffentliche und beißende Art der „Kritik" vom Lehrer verletzt.

Er hätte stattdessen auf dem Dienstweg, über Petitionen und auf dem Verwaltungsrechtsweg Kritik üben können und Verbesserungen anregen müssen. Die öffentliche Kritik sei dem Lehrer als Beamten jedoch verwehrt.

Entscheidung des VGH Bad-Wü, Urteil vom 24.05.1984:
Unsachliche öffentliche Kritik des Lehrers am Schulwesen verstößt gegen seine beamtenrechtliche Pflicht.
Dem Beamten ist die „Flucht in die Öffentlichkeit" verwehrt.

Kommentierung: Da ist er, der entscheidende Punkt, die **Flucht in die Öffentlichkeit**. Denn abgesehen davon ähnelt der Fall ein wenig dem der Anti-Atomkraft-Plakette. Aber hier geht es auch um die Frage, wie tatsächliche oder vermeintliche Missstände zu kritisieren sind. Gesellschaftliche Kritik kann der Lehrer als Privatperson äußern, wobei man auch in diesem Rahmen Mäßigung von ihm erwartet. Schließlich repräsentiert er in gewisser Weise den Staat, selbst wenn das vielen Kollegen nicht klar ist. Insbesondere in kleineren Städten, wo man die ortsansässigen Lehrer kennt, wird dies deutlich.

Natürlich gibt es unbestreitbare Mängel am System Schule, die ich nicht alle aufzählen kann. Dies rechtfertigt aber nicht den Fehler, den leider viele engagierte Kollegen machen: Sie gehen mit ihrer Kritik in die Öffentlichkeit, *bevor* alle beamtenrechtlichen Möglichkeiten ausgeschöpft sind. Das gängige Argument, wenn man ihnen dies vorhält, lautet: „Das bringt doch sowieso nichts!" Das mag ja sein, diese Behauptung wäre aber erst *nach* dem Ausschöpfen *aller* legalen Möglichkeiten begründet.

Auf dem Dienstweg kann man Anregungen nach oben schicken oder Beschwerden schreiben. Jedermann hat das Petitionsrecht (Art. 17 GG): Allerdings müssen Petitionen von den zuständigen Behörden ein konkretes Begehren fordern und dürfen nichts Unmögliches verlangen. Und schließlich kann jede Lehrkraft gegen belastende Maßnahmen den Verwaltungsgerichtsweg beschreiten.

Der Kollege aus dem obigen Urteil hat natürlich nicht diese Möglichkeiten ausgeschöpft. Denn die vorgegebenen Wege sind mühsam. Aber es hilft nichts: Ein Überspringen der vorgeschriebenen Schritte ist für einen Beamten nicht zulässig (siehe Urteil 10). Denn der Dienstherr hat ein berechtigtes Interesse, Schwierigkeiten oder Missstände seines Verwaltungsapparates intern und ohne Druck von außen zu beheben. Schließlich soll das Vertrauen in die Funktionsfähigkeit der Verwaltung nicht beeinträchtigt werden.

Auch der recht geschickte Trick, über die grundgesetzlich geschützte Freiheit der Kunst (Art. 5 III GG) die Darbietungen und Entgleisungen zu legitimieren, hilft hier letztlich nicht. Selbst wenn man den Aufführungen ein künstlerisches Element unterstellt, so bedeutet das nicht, dass daraus keine rechtlichen Konsequenzen folgen können.

15 Lehrer in Bhagwan-Kleidung

Sachverhalt: Ein Hamburger Studienrat, auf dem Weg zum inneren Frieden, kam in Kontakt mit der Bhagwan-Sekte. Diese Weltanschauung (oder Religion?) überzeugte ihn so sehr, dass er sich der Sekte an- und für sich selbst beschloss, jeden Tag die typische orange-rote Kleidung und die Kette mit dem Bildnis des Bhagwan (Mala) zu tragen, und zwar auch in der Schule. Das sorgte verständlicherweise für Aufsehen. Ermahnungen des Schulleiters und Forderungen des Klassenelternrates nutzten nichts. Der Lehrer behauptete, das Tragen der Kleidung beeinträchtige nicht seinen Unterricht. Zudem berief er sich auf seine Religionsfreiheit (Art. 4 GG) und das Recht der freien Persönlichkeitsentfaltung (Art. 2 GG). Diese Grundrechte könnten laut unserer Verfassung, so trug er vor, nicht durch einfache Gesetze eingeschränkt werden.

Zuerst das Verwaltungsgericht und später das OVG untersagten ihm jedoch, die augenfällige Kleidung in der Schule zu tragen. Beide stellten zunächst fest, dass es unerheblich sei, ob die Zugehörigkeit zu Bhagwan ein religiöses oder (nur) ein weltanschauliches Bekenntnis darstelle.

Dann folgte die Begründung: Auch die Religionsfreiheit sei nicht grenzenlos. Sie finde immer dort ihre Grenzen, wo sie mit den *Grundrechten* anderer *kollidiere*. Gerade die Schule sei in Fragen der Religion und des Glaubens zu besonderer Neutralität verpflichtet. Schließlich nehme der Lehrer (in einer den Eltern vergleichbaren Weise) Einfluss auf die ihm anvertrauten Schüler und forme deren Persönlichkeit mit. Außerdem umfasse die Religionsfreiheit aus

Art. 4 GG auch die **negative Bekenntnisfreiheit**, also das Recht des Einzelnen, von religiöser Werbung verschont zu bleiben.

Durch das Tragen der auffälligen Kleidung würden die (minderjährigen) Schüler jedoch veranlasst, sich näher mit diesem Lehrer zu befassen. Dadurch werde zum einen der Schulfriede gestört, zum anderen bestehe die Gefahr der Verbreitung von werbenden Informationen über diese Sekte. Der Lehrer verletze somit die geforderte weltanschauliche Neutralität der Schule und setze die Kinder einem Einfluss aus, der der Überzeugung der meisten Eltern widerspreche. Da die Trennung von Kirche und Staat es dem Beamten verbiete, in Ausübung seines Dienstes aktiv für sein Bekenntnis zu werben, habe er seine Dienstpflicht verletzt.

Fast zeitgleich gab es einen Parallelfall in Bayern. Auch dort klagte sich ein Lehrer hartnäckig durch die Instanzen nach oben. Das BVerwG fällte 1988 ein abschließendes Urteil, das die für den Lehrer negative Entscheidung der unteren Instanzen bestätigte. Dabei wurde noch einmal die **negative Bekenntnisfreiheit** der Schüler betont, da diese sich nicht der sichtbaren Glaubensdemonstration des Lehrers entziehen könnten.

Entscheidung des OVG Hamburg, Beschluss vom 26.11.1984:
Lehrer sind zur weltanschaulichen Neutralität in der Schule verpflichtet.

Kommentierung: Dieses gut 20 Jahre alte Urteil ist die Mutter aller aktuellen Kopftuch-Entscheidungen, die muslimischen Lehrerinnen verbieten, in der Schule ein Kopftuch zu tragen. Schon damals wurde gerichtlich klargestellt, dass sich der beamtete Lehrer (oder die beamtete Lehrerin) im Dienst mit minderjährigen und damit leicht beeinflussbaren Schülern neutral zu verhalten hat. Schließlich ist er (oder sie) das Beamtenverhältnis freiwillig eingegangen und hat (hoffentlich) gewusst, worauf er (oder sie) sich einlässt. Den Vorteilen des Beamtenstatus stehen somit Pflichten gegenüber, die vom Lehrer deutlich mehr verlangen als von Otto Normalverbraucher.

Zur grundrechtlichen Unterscheidung von Religion und Weltanschauung: Nichtreligiöse Weltanschauungen vertreten z. B. Pazifisten oder Veganer. Diese Anschauungen sind im Privatbereich geschützt, in der Schule ist ihre Demonstration für Lehrer aber gleichermaßen verboten. Deshalb ist es auch unwesentlich, ob die Lehre des Bhagwan nun eine Religion oder nur eine Weltanschauung darstellt.

Die Betreffenden, die ihre Überzeugung stolz nach außen tragen, empfinden ihre Kleidung meist gar nicht als bewusste Werbung für ihre Überzeugung. Das aber sehen der Dienstherr und die Gerichte anders. Sie verstehen unter Werbung bereits die **Aufmerksamkeitswerbung**, die man auch im kommerziellen Bereich manchmal findet: Ein Produkt soll im ersten Schritt einfach nur

Aufmerksamkeit und Neugier erzeugen und so bekanntgemacht werden. Dieses Ziel lässt sich auch auf Weltanschauungen übertragen, indem Dinge zur Schau gestellt werden, die symbolisch für diese Auffassung stehen.

Vom Beamten wird deshalb der Verzicht auf Kleidung oder Accessoires verlangt, die seine politische, religiöse oder weltanschauliche Überzeugung optisch deutlich machen. Außerhalb des Dienstes dürfte der Lehrer sein Parteibuch herumzeigen, ein Kopftuch oder orangefarbene Gewänder tragen, sogar als zerbrochenes Gewehr oder als das Veganertum propagierende Gurke verkleidet könnte er herumlaufen – aber eben nicht in der Schule.

Variante: Beim Kopftuchurteil des Bundesverfassungsgerichts ist etwas aber doch anders als hier: Das BVerfG selbst hat das Kopftuchtragen (noch) nicht verboten. Es hat sich dezent zurückgehalten und nur klargestellt, dass für ein Kopftuchverbot ein vom Parlament abgesegnetes Landesgesetz erforderlich ist. Das haben einige Bundesländer gemacht, andere nicht. Folglich ist im Moment das Kopftuch in einigen Bundesländern zulässig, in anderen nicht. Aber irgendwann wird auch das BVerfG abschließend dazu Stellung nehmen müssen. Dann haben wir zumindest eine klare Regelung.

Warum für Schüler bezüglich der Meinungsfreiheit andere Grundsätze gelten als für Lehrer, ist Ihnen vermutlich schon klar. Falls Sie es noch einmal nachlesen wollen, finden Sie Informationen dazu im Urteil 6.

16 Pädagogische „Freiheit“

Sachverhalt: Nach dem Studium der Chemie, Biologie und Pädagogik legte ein Lehramtskandidat die Erste Staatsprüfung für das Lehramt an Gymnasien ab und wurde in den Vorbereitungsdienst übernommen. Nebenbei schloss er seine begonnene Promotion im Fach Biologie ab.

Kurze Zeit später stand die Zweite Staatsprüfung an, für die er eine Hausarbeit in Biologie präsentierte. Darin legte er wortreich dar, der Lehrplan in Biologie sei in sich widersprüchlich und damit rechtswidrig. Nach einem solchen Plan zu unterrichten oder gar danach beurteilt zu werden, sei entwürdigend.

Er weigerte sich auch, die anstehende Unterrichtseinheit lehrplanmäßig zu unterrichten und remonstrierte (siehe Urteil 8) wegen des vermeintlich unzulässigen Lehrplans. Er erwarte neue, rechtmäßige Weisungen oder zumindest die Befreiung vom überholten deterministischen Biologie-Lehrplan.

Die Schulbehörde folgte dieser Auffassung nicht und wies den Freigeist an, nach dem bestehenden Lehrplan zu unterrichten. Im Falle einer erneuten Weigerung drohte man ihm die Entlassung aus dem Vorbereitungsdienst an.

Der Referendar legte geschickt dar, er weigere sich überhaupt nicht, Biologie zu unterrichten, er lehne nur die Unterrichtung nach dem derzeit geltenden Lehrplan ab. Bezüglich der Androhung seiner Entlassung vertrat er den Standpunkt, er besitze ein Recht darauf, zumindest noch die Zweite Staatsprüfung abzulegen.

Trotzdem entließ ihn die Schulbehörde (mit Zustimmung des Personalrats) aus dem Beamtenverhältnis, und zwar mit **sofortiger Vollziehung**. Hiergegen wandte er sich und forderte bis zum Abschluss des Verfahrens vorläufigen Rechtsschutz, d. h. eine Aufschiebung der Entscheidung und die Weiterbeschäftigung als Referendar.

Dies lehnte das Verwaltungsgericht ab. Dagegen legte er Beschwerde ein, und die Angelegenheit kam zum OVG.

Dieses bestätigte nicht nur die Entlassung, sondern ebenso die sofortige Vollziehung der Maßnahme. Trotz belehrender Hinweise habe der Betreffende ständig ein Dienstvergehen begangen. Diese permanente Weigerung begründe ein *besonderes öffentliches Interesse* und rechtfertige damit die sofortige Vollziehung.

Zur Hauptsache führte das OVG aus: Ein Beamter sei nicht nur an die Gesetze, sondern auch an die Verwaltungsvorschriften gebunden, zu denen auch die Lehrpläne gehörten. Außerdem seien die Anordnungen des Dienstherrn auszuführen, und zwar nicht nur in rechtlicher, sondern ebenfalls in fachlicher Hinsicht. Selbst wenn der Lehrplan nicht die neuesten Forschungsansätze berücksichtige, vertrete er die herrschende Meinung des Faches und sei damit rechtmäßig. Die Frage, ob die Auffassung des Referendars eventuell nicht doch zutreffender sei, müsse deshalb nicht gerichtlich geprüft werden.

Die vermeintlich eingeschränkte „pädagogische Freiheit“ sei kein einklagbares Recht des Lehrers. Zudem spreche der Schulgesetzgeber von einer pädagogischen „Verantwortung“, die sich vor allem auf das methodische Vorgehen beziehe.

Darüber hinaus habe der Lehrer die Möglichkeit, seinen Unterricht mit angemessenen kritischen Anmerkungen zu versehen oder auf neue abweichende Meinungen innerhalb des Faches hinzuweisen. Diese zugestandenen Spielräume gäben dem Lehrer aber nicht das Recht, sich völlig über den Lehrplan hinwegzusetzen.

Der Referendar habe durch seine Weigerung, vorgegebenen Anordnungen zu folgen, in hohem Maße gegen seine Beamtenpflicht verstoßen, was eine sofortige Entlassung rechtfertige.

Entscheidung des OVG Schleswig, Beschluss vom 30.04.1991:
Die dem Lehrer zugestandene pädagogische Verantwortung entbindet ihn nicht von den Vorgaben des Lehrplans.

Kommentierung: Tja, der bekennende Freigeist hat sich offensichtlich in der Wahl der Arbeitsstätte geirrt und wäre wohl besser an der Hochschule geblieben. Dort existiert nämlich die grundgesetzlich garantierte Freiheit von Lehre und Forschung, nicht jedoch an der Schule. Deshalb ist der manchmal so gerne verwendete Begriff der pädagogischen „Freiheit" mehr als irreführend. Nicht nur Lehrer haben ihn früher gerne verwendet, sondern auch einige Verwaltungsgerichte. Aber die wussten, dass die darin enthaltene „Freiheit" nicht so wörtlich gemeint war.

Der Lehrer als Staatsbeamter hat eben nicht das Recht, die Curricula nach Gutdünken abzuändern bzw. sich über sie hinwegzusetzen.

Unser Referendar mit dem kritischen Blick hat wohl gemeint, er sei aufgrund seiner Promotion so clever, allen anderen erklären zu müssen, was in Biologie gut und richtig ist. Dass die Kollegen, die seit Jahren nach diesem Lehrplan unterrichteten, seine Meinung nicht teilten, hat ihn nicht gestört und wohl auch nicht nachdenklich gemacht.

Vermutlich hat ihm ein Jurastudent einen ganz heißen Tipp gegeben und er hat geglaubt, ihm könne durch den typischen Ablauf des Verfahrens nichts passieren. Denn grundsätzlich, aber eben nur grundsätzlich, haben Widerspruch und Klage aufschiebende Wirkung bei belastenden Entscheidungen. Er könnte also ganz raffiniert Folgendes gedacht haben: „Wenn ich bei meiner Abschlussarbeit ‚die Sau rauslasse' und mich ab da weigere, wie alle anderen zu unterrichten, kann mir eigentlich nichts mehr passieren. Bis die ganze Angelegenheit vor Gericht entschieden ist, habe ich längst mein Examen in der Tasche."

Aber er hatte die Rechnung ohne einen cleveren Hausjuristen in der Kultusverwaltung gemacht. Denn im Ausnahmefall, z. B. bei besonderem öffentlichen Interesse, gibt es die Möglichkeit der sofortigen Vollziehung. Und die wurde nicht nur von der Schulbehörde angeordnet, sondern auch von den Gerichten bestätigt. So kann es Schlaumeiern gehen, die sich etwas darauf einbilden, besonders clever zu sein.

Schulrecht

Nun also geht es ans Eingemachte. Während im vorangegangenen Kapitel vor allem Urteile vorgestellt wurden, die sich auf die übergeordneten Dienstpflichten von beamteten Lehrern beziehen, geht es jetzt um die kleinen Probleme, die sich immer wieder im Schulalltag ergeben. Aber gerade der tägliche Kleinkram, bei dem die Schüler ins Spiel kommen, macht den Lehrern meist mehr zu schaffen als die grundrechtsrelevante Frage, ob sie morgen ihr Bhagwangewand zur Schule anziehen sollen.

Dieser Kleinkram ist entweder im Schulgesetz Ihres Bundeslandes geregelt oder aber in einer der vielen Rechtsvorschriften, die jede Lehrkraft kennen und berücksichtigen sollte. Dagegen wäre grundsätzlich nichts einzuwenden, wenn diese Verordnungen und Verfügungen an einem Ort zusammengefasst wären und nicht ständig um zwei oder drei Sätze verändert würden. So aber ist das Suchen nach der gerade benötigten Vorschrift eine Sisyphusarbeit, die nur mit großer Mühe zu leisten ist. Umso wichtiger ist es deshalb, den roten Faden zu erkennen, der sich durch die Rechtsprechung der Gerichte zieht. Ohne zu viel zu verraten, kann ich jetzt schon andeuten, dass die Gerichte gar nicht so hart mit den Lehrern ins Gericht gehen, wie immer gerne behauptet wird. Es gibt Hoffnung. Aber sehen Sie selbst:

17 Mitbeaufsichtigen der Nachbarklasse

Sachverhalt: Es war einmal eine Realschule, die endlich eine neue Turnhalle bekommen sollte. Hierfür war eine große Einweihungsfeier geplant, bei der sowohl Schülerinnen als auch Schüler kunstvoll etwas vorturnen sollten. Für die Proben wurde häufig die Kollegin S. herangezogen, da sie verantwortlich für das Mädchenturnen war. Während der Abwesenheit von S. war für die betroffenen Klassen Stillbeschäftigung vorgesehen. Diese sollte, so hatte der Schulleiter angeordnet, von der in der Nachbarklasse unterrichtenden Lehrkraft mit überwacht werden.

Als die Kollegin S. wieder in der Turnhalle benötigt wurde, erteilte der Schulleiter Frau W. die Weisung, während der Doppelstunde die Aufsicht der Nachbarklasse (8. Klasse) mit zu übernehmen. Das tat die beauftragte Lehrerin auch ohne Widerspruch. Zum Stundenbeginn schaute sie einige Minuten in die Nachbarklasse, wandte sich dann aber ihrer regulären Klasse zu.

Bereits kurz nach ihrem Weggang kam es zum Werfen mit Kreide, Bleistiften und Radiergummis. Dabei wurde eine Schülerin durch einen Radiergummi (!) so schwer am Auge verletzt, dass zwei Augenoperationen vorgenommen werden mussten. Trotzdem blieb die Schülerin auf dem linken Auge so gut wie blind. Es konnte nicht ermittelt werden, wer in dem Durcheinander den Radiergummi geworfen hatte.

Die Eltern verklagten die Schule, insbesondere warfen sie dem Schulleiter vor, er habe gegen seine Amtspflicht verstoßen, die Kinder vor Gefahren des Schulbetriebs zu schützen. Er habe die Klasse ohne *wirksame* Aufsicht gelassen und dadurch das Unglück herbeigeführt.

Wegen der Höhe des Schadens ging die Sache sofort vor das Landgericht, das den Eltern recht gab. Das Land als Dienstherr ging in die Berufung, weil die Klasse als diszipliniert gegolten habe. Aber auch das OLG bestätigte im Grunde den Spruch der unteren Instanz. In der Revision kam die Angelegenheit vor den Bundesgerichtshof (für Zivilsachen).

Der BGH stellte fest, dass ein Schulleiter, der eine solche Mitbeaufsichtigung anordnet, eine **Amtspflichtverletzung** begehe. Es sei eine Erfahrungstatsache, dass unbeaufsichtigte Schüler in den Räumen gern Unfug trieben, und zwar umso lieber, je länger die Klasse ohne Aufsicht sei. Deshalb habe er eine Klasse mit 14- bis 15-jährigen Schülern nicht während zweier Unterrichtstunden ohne wirksame Aufsicht lassen dürfen.

Dies sei umso gravierender, da er schon vorher gewusst habe, dass Unterricht ausfallen werde. Notfalls hätte er den Stundenplan so ändern müssen, dass eine Beaufsichtigung aller Schüler zu jeder Zeit gewährleistet gewesen sei.

Entscheidung des BGH, Urteil vom 19.06.1972:
Es genügt nicht, dass eine Schulklasse von der Lehrkraft im Nebenzimmer mitbeaufsichtigt wird. Ein Schulleiter, der dies anordnet, begeht eine Amtspflichtverletzung.

Kommentierung: Ist es nicht interessant, dass im Urteil von der Aufsicht führenden Lehrerin überhaupt nicht die Rede ist? Die klagenden Eltern, aber auch die Gerichte haben bei ihr keine Schuld gesehen. Damals (1966) war der Schulleiter eben noch eine unumstrittene Autorität. Aber ob man heute noch genauso entscheiden würde, wage ich zu bezweifeln. Eine kurze Mitbeaufsichtigung einer normalen Klasse ist für fünf bis zehn Minuten möglich, mehr aber mit gutem Gewissen nicht. Das kann niemand, und die Gerichte sind glücklicherweise so praxisnah, dies zu akzeptieren.

1. Tipp: Spielen Sie nicht die Super-Lehrkraft, die es schafft, zwei spaßorientierte Mittelstufenklassen gleichzeitig für eine Stunde oder gar länger zu beaufsichtigen. Auf die Frage „Schaffen Sie das?" oder die noch tückischere Variante „Sie schaffen das doch, oder?" sollten Sie immer mit einem klaren Nein antworten. Machen Sie in einem solchen Fall Ihren Schulleiter (oder den Stundenplaner) nachdrücklich darauf aufmerksam, dass Sie diese Aufgabe nicht gewissenhaft erfüllen können. Bleibt der Schulleiter trotz Ihrer Bedenken bei seiner Entscheidung und weist Sie an, so sind *Sie* nach dem Beamtengesetz von der Verantwortung befreit.

Argumentieren Sie notfalls religiös: Die erstaunliche Bilokation (gleichzeitige Anwesenheit an zwei Orten) kennt nur die katholische Kirche, allerdings *nur für Heilige*.

2. Tipp: Lassen Sie irgendwelche Schülergruppen nach Beginn des Unterrichts nicht unbeaufsichtigt in einen Klassenraum, denn dort sind sie schwerer zu überblicken als auf dem Flur. Ich weiß schon, manchmal steht eine Klasse unruhig wartend auf dem Flur, und Sie sind nur zu gerne bereit, die lärmende Meute in den Klassenraum zu lassen, damit Sie im übernächsten Raum in Ruhe Ihren Unterricht machen können. Das ist höchst kollegial, weil Sie den zu spät kommenden Kollegen decken, der eigentlich schon für diese Klasse verantwortlich ist.

Aber da Sie mit dem Buch nicht nur Urteile, sondern auch rechtliche Tipps bekommen, sollten Sie sich das noch einmal überlegen. Juristisch gesehen hat die Medaille des kollegialen Handelns leider eine Kehrseite für Sie, denn damit übernehmen *Sie* indirekt die Verantwortung für diese Schülergruppe, die im Klassenraum verschwindet. Und Sie sollten sich fragen, ob Sie das wirklich wollen.

Zu guter Letzt: Hätten Sie geglaubt, dass ein simpler Radiergummi eine solch schwere Verletzung hervorrufen kann? Wie Sie sehen, kann er das. Schüler und auch Lehrer unterschätzen oft die Gefährlichkeit von bestimmten Dingen, weil man vom Regelfall ausgeht. Natürlich wird ein Radiergummi, der geworfen wird, normalerweise beim Getroffenen keine schweren Verletzungen verursachen. Aber wenn das Schicksal es will, geht er ins Auge.

Ich bewundere immer die finanzielle Risikobereitschaft junger Kollegen, die im Winter das Schneeballwerfen auf dem Schulhof gestatten. Selbstredend unter ihrer Aufsicht, weil sie annehmen, sie könnten dann die Gefahren kontrollieren. Das funktioniert auch – abgesehen von den etwa zehn Fällen pro Jahr, bei denen Schüler durch Schneeballwürfe schwere Augenverletzungen erleiden. Und dann geht es vor Gericht, weil der Lehrer (bzw. seine Versicherung) nicht zahlen will.

Was meinen Sie: Wie würde wohl ein Gericht in einem solchen Fall die Einschätzung des Lehrers beurteilen, ihn treffe doch gar keine Schuld, da er die 30 tobenden Schüler eigentlich beaufsichtigt und Gefahren ausgeschlossen habe? Nur am Rande sei erwähnt: Der zivilrechtliche „Preis“ eines Auges beträgt knapp 100 000 Euro.

18 Unfall bei Verlassen des Schulgeländes

Sachverhalt: Ein 13-jähriger Schüler hatte in der vorletzten Schulstunde eine Freistunde, da er als Muslim nicht am christlichen Religionsunterricht teilnehmen musste. Anstatt sich im Schulgebäude aufzuhalten, wie es die Schulordnung vorsah, verließ er jedoch das Schulgelände. Obwohl es in der Schule eine beaufsichtigte Cafeteria gab, fuhr er mit dem Fahrrad zu einem 250 Meter entfernten Kiosk, um sich dort ein Wurstbrötchen zu kaufen. Auf dem Rückweg stieß er kurz vor der Schule mit einem Pkw zusammen und wurde schwer verletzt (Hirnverletzung, 100 % Erwerbsunfähigkeit).

Die Schulversicherung lehnte es ab zu zahlen, weil der Schüler wissentlich und widerrechtlich (Schulordnung) das Schulgrundstück verlassen hatte. Der schulische Versicherungsschutz entfalle, wenn das Schulgebäude aus privaten Gründen verlassen werde. Das liege hier vor, denn der Unfall habe keinen Zusammenhang mit dem Schulbesuch.

Da es um die Frage ging, ob ein „Arbeitsunfall“ vorlag, ging die Sache an das Sozialgericht und später an das Bundessozialgericht (BSG): Dieses entschied, dass die Versicherung zahlen müsse, weil es sich doch um einen „Arbeitsunfall“ gehandelt habe, den der Verunglückte im Zusammenhang mit seiner Tätigkeit als Schüler erlitten habe.

Dazu zählten auch Ereignisse, die auf dem Wege zum und vom Ort der Tätigkeit passieren. Somit sei es vertretbar, den Weg für eine Besorgung für den Unterricht mitzuversichern. Dazu gehörten auch Lebensmittel, um das Essen auf der „Arbeitsstelle“ einzunehmen.

In Analogie zu anderen Arbeitnehmern führte das Gericht aus, dass ein Arbeitnehmer selbst beim Vorhandensein einer Werkskantine das Recht habe, woanders zu essen und somit auch auf dem Weg dorthin versichert sei. Gleiches gelte hier für den Schüler. Da der Kiosk in der Nähe der Schule war und der Schüler nach dem Einkauf zur Schule zurückkehrte, sei der Zusammenhang zu seiner Tätigkeit gegeben.

Die Tatsache, dass der Schüler gegen das Verbot, das Schulgelände zu verlassen, verstoßen habe, sei ebenfalls unerheblich. Das verbotswidrige Handeln (Verstoß gegen die Schulordnung) schließe einen Arbeitsunfall nicht aus. Aus diesem Grund sei ihm von der Versicherung eine Rente zu zahlen.

Entscheidung des BSG, Urteil vom 19.05.1983:
Wenn ein Schüler während einer Freistunde das Schulgrundstück verlässt, um sich an einem 250 Meter entfernten Kiosk Lebensmittel zu kaufen, sind mögliche Schäden durch die Unfallversicherung der Schule gedeckt.

Kommentierung: Wie hätten Sie entschieden? Ich hätte ihm wegen des unerlaubten Verlassens des Schulgrundstücks den Versicherungsschutz entzogen. Zumal es eine kleine Cafeteria in der Schule gab, und die Freistunde für den Schüler nicht überraschend kam. Er hätte sich also etwas mitbringen oder auf dem Hinweg zur Schule besorgen können. Aber meine Meinung ist hier unmaßgeblich.

Nach den Entscheidungen der Gerichte muss die Unfallversicherung der Schule eine ganze Menge abdecken. Das wird noch an anderen Fällen deutlich (z.B. bei Urteil 19), was Sie Ihren Schülern ja nicht auf die Nase binden müssen. Sonst verlassen noch mehr Schüler das Schulgrundstück als jetzt schon.

Für Lehrer ist es dennoch gut zu wissen, dass die Schulversicherung bei Unfällen vieles abdeckt. Man ist dann etwas entspannter, wenn man z.B. einem in der Nähe wohnenden Schüler *indirekt* erlaubt, vergessene Unterrichtsmaterialien zu holen. Warum indirekt? Nun, die Situation ist hier ja anders, weil der Schüler eben keine Freistunde hat, sondern der Aufsicht durch den Lehrer unterliegt. Clevere Lehrer machen das so, indem sie den Schüler natürlich nur auf die Toilette gehen lassen – das kann auch schon mal etwas länger dauern –, und clevere Schüler verstehen die Botschaft.

Den verunglücktenSchuler hätte man natürlich wegen unerlaubten Verlassens des Schulgrundstücks disziplinarisch maßregeln können, aber das wäre angesichts des erlittenen schweren Schadens nicht angemessen. Selbst im

Erwachsenenstrafrecht gibt es die Möglichkeit, von einer Strafe abzusehen, wenn der Täter von den Folgen der Tat so schwer getroffen wurde, dass eine zusätzliche Strafe unverhältnismäßig hart wäre (§ 60 StGB). Ähnliche Überlegungen wurden bei dem verletzten Schüler sicher auch angestellt, sodass man auf eine disziplinarische Maßnahme wegen des Verlassens des Schulgeländes verzichtete.

19 Verletzung durch Mitschüler in der Pause

Sachverhalt: Es war der Schulbeginn kurz nach den Weihnachtsferien. Die Schüler und Schülerinnen einer 7. Klasse eines Gymnasiums spielten in der Pause auf dem Schulhof. Plötzlich zündete ein Junge einen Feuerwerkskörper und warf ihn in Richtung zweier Mädchen, um sie zu erschrecken. Der Knallkörper detonierte direkt neben dem Ohr des einen Mädchens, das daraufhin wegen Beeinträchtigung des Gehörs in ärztliche Behandlung musste. Das Mädchen bzw. seine Eltern wollten Schadensersatz vom besagten Schüler, weil dieser vorsätzlich gehandelt habe. Der Anwalt des Jungen lehnte ab, weil der Junge das Mädchen nicht habe verletzen, sondern nur erschrecken wollen.

Die Sache ging vor Gericht, und zwar wegen der Höhe des Schadens gleich vor das Landgericht. Dieses wies jedoch die Klage ab, worauf die Eltern in die Berufung vor das OLG gingen. Auch dort hatten sie allerdings keinen Erfolg. Das OLG stellte fest, dass der Junge nicht vorsätzlich gehandelt habe. Er habe die Verletzung der Mitschülerin weder gewollt noch billigend in Kauf genommen. Das Werfen des Knallkörpers in Richtung einer Gruppe sei nicht so gezielt gewesen, dass man annehmen könne, der Schüler habe mit einer Verletzung gerechnet.

Die Eltern ließen nicht locker und gingen in die Revision zum BGH, der zum gleichen Endergebnis kam, jedoch mit einer interessanten Präzisierung. Die Tätigkeit des Werfens von Knallkörpern sei nicht nur „bei Gelegenheit des Schulbesuchs" erfolgt, sondern sei direkt *schulbezogen*, sodass die Schulversicherung zahlen müsse. Auch Spielereien, Neckereien und Raufereien, sogar Verletzungen, die aus Neugier, Sensationslust oder dem Wunsch, anderen zu imponieren, entstünden, seien Bestandteil des Schullebens. Pausen seien Phasen der allgemeinen Lockerung, bei denen es durch übermütige oder bedenkenlose Verhaltensweisen zu Verletzungen kommen könne. Und das Werfen des Knallkörpers sei aus solchem Übermut zu erklären. Durch das Erschrecken der Mädchen habe der Junge anderen imponieren wollen. Da der Unfall während der Pause passiert sei, sei zudem die räumliche und zeitliche Nähe zur Schule gegeben. Der Haftungsausschluss für solche Schülerhandlungen und die Übernahme durch die Schulversicherung diene dazu, den Schulfrieden zu gewährleisten. Deshalb sei es geboten, diesen Schutz nicht zu eng auszulegen.

Entscheidung des BGH, Urteil vom 30.03.2004:
Wird während der Pause ein Schüler durch einen Mitschüler verletzt, sind Schadensersatzansprüche gegen diesen Mitschüler in der Regel ausgeschlossen.

Kommentierung: Auch hier gilt, dass man den Knallkörper werfenden Schüler disziplinarisch maßregeln kann, um solche Handlungen für die Zukunft zu unterbinden. Aber das ist nur die eine Seite. Die andere ist die Frage der finanziellen Haftung bzw. des Schadensersatzes. Wer von den jungen Kollegen es bis jetzt nicht wusste, weiß es nun: Es gibt eine „Schulversicherung“, die in bestimmten Fällen einspringt. Aber in welchen?

Erstens: Sie springt nur ein für (schwerwiegendere) **Personenschäden**, nicht jedoch für Sachschäden. Wenn also ein Schüler einem anderen aus Versehen (oder absichtlich) auf die Federtasche tritt und den Inhalt zerstört, so muss er selbst dafür zahlen.

Zweitens: Die Schulversicherung zahlt nur für **fahrlässig** verursachte Personenschäden, nicht jedoch für vorsätzliche. Was sich hinter diesen beiden Begriffen verbirgt, erkläre ich gleich in einem kleinen Exkurs. Verprügelt beispielsweise ein Schüler absichtlich einen anderen und verletzt ihn, so muss er natürlich selbst für die Folgen aufkommen (Arztkosten, Schmerzensgeld).

Selbstverständlich müssen alle Lehrer versuchen, wenn sie Aufsicht haben, solche oder andere Schäden zu verhindern. Aber trotz gewissenhafter Aufsicht werden sie solche und ähnliche Unfälle nicht immer vermeiden können. Deshalb ist es beruhigend zu wissen, wie realitätsnah viele Gerichte die tägliche Schulpraxis beurteilen.

Fazit: Verletzungen gehören bei Kindern und Jugendlichen unvermeidlich mit zum Schulalltag.

Exkurs: Die Stufen der Schuld

Im vorigen Urteil war von vorsätzlichem und fahrlässigem Handeln die Rede. Was heißt das nun? Denn von dieser Frage hängt die nicht ganz unwichtige Entscheidung ab, ob jemand zahlen muss oder nicht. Aber fangen wir mit dem Grundsätzlichen an:

Jeder, der einem anderen schuldhaft einen Schaden zufügt, muss ihm diesen ersetzen. Das steht im § 823 des BGB und hat ganz allgemeine Gültigkeit. Also, jeder der einen Schaden *verschuldet*, muss ihn ersetzen. Allerdings hat nicht jeder, der einen Schaden *verursacht*, diesen auch verschuldet. Denn ein Verschulden setzt voraus, dass man jemandem etwas vorwerfen kann.

Wenn auf der Straße jemand einen epileptischen Anfall erleidet und dadurch einen Unfall herbeiführt, dann hat er diesen Schaden zwar verursacht, aber nicht verschuldet. Denn was wollen wir ihm vorwerfen? Dass er krank ist? Falls Sie also im Klassenraum plötzlich einen Herzinfarkt erleiden und dabei Beamer und Laptop der Schule mit zu Boden reißen, so haben Sie den Schaden zwar *verursacht, aber nicht verschuldet*, denn Sie trifft kein Vorwurf, keine Schuld. Das heißt, Sie müssen *nicht zahlen*.

Sie können sich vorstellen, dass die Rechtslage etwas anders aussieht, wenn Sie volltrunken durch den Raum torkeln und so den obigen Schaden herbeiführen. Denn jetzt haben Sie ihn nicht nur verursacht, sondern auch *verschuldet* und sind verpflichtet zu zahlen.

Schuld knüpft immer an einen persönlichen Vorwurf an, der jedoch unterschiedlich groß sein kann. Eigentlich unterscheiden die Juristen fünf Stufen der Schuld. Weil die ersten beiden fast gleich sind, reduziere ich didaktisch und mache daraus vier klare Stufen: Zwei zählen zum Vorsatz, die anderen zwei zur Fahrlässigkeit.

1. Fangen wir mit der schwersten Schuld an, dem **direkten Vorsatz**. Beim Täter müssen „Wissen und Wollen" vorliegen. Jemand weiß um einen möglichen Schaden und denkt sich: „Das (den Schaden) will ich!" Solch absichtliches Handeln liegt z.B. vor, wenn ein Schüler einem anderen die Jacke wegnimmt und mit einem Cutter in kleine Streifen schneidet. Dass hier gezahlt werden muss, leuchtet jedem ein. Natürlich springt in diesem Fall keine Versicherung für den Schädiger ein.
2. Die nächste Stufe ist der **bedingte Vorsatz**, der schwieriger einzuschätzen, aber sehr wichtig ist, da vorsätzliches Handeln härtere Konsequenzen auslöst. Die Juristen sagen, der Täter nimmt den (negativen) Erfolg „billigend in Kauf".

Denken Sie an einen Einbrecher, der von der Polizei gestellt wird. Er flieht, wird aber vom Kommissar verfolgt, der ihm immer näher kommt. Der Bösewicht dreht sich um und schießt, um den Verfolger abzuschütteln, dabei trifft er ihn tödlich. Das war bedingter Vorsatz. Hauptziel des Einbrechers war es nicht, den Kommissar zu töten, aber er hat die Tötung in Kauf genommen. Der Gedanke im Kopf des typischen Täters lautet: „Na, wenn schon!" Der Täter sieht den möglichen Schaden, der nicht sein Hauptziel ist. Er hat aber nichts dagegen, wenn dieser Schaden bei der Erreichung seines eigentlichen Ziels eintritt.

Über diesen Punkt wird bei Gericht oft heftig gestritten, da es schwierig abzuschätzen ist, ob jemand, der etwas eigentlich nicht wollte, dieses aber in Kauf genommen hat, um sein Ziel zu erreichen.

Meinen Sie, dass der Junge mit dem Knallkörper gedacht hat: „Ich will die Mädchen eigentlich nur erschrecken, aber wenn eines dabei verletzt wird, so ist das auch egal.“? Das Gericht hat diese Frage verneint und auch ich glaube, dass er sich gar nichts dabei gedacht hat.

Nun geht es zur **Fahrlässigkeit**, die von Juristen wie folgt definiert wird: „Fahrlässig handelt, wer die erforderliche Sorgfalt außer Acht lässt.“ Da glücklicherweise nur ganz böse Menschen anderen mit Absicht Schaden zufügen wollen, finden sich im Bereich der Fahrlässigkeit mit Abstand die meisten Fälle schuldhaften Handelns.

3. Zunächst geht es um die **grobe (bewusste) Fahrlässigkeit**. Die ist immer dann gegeben, wenn jemand sich denkt: „Hoffentlich passiert nichts.“ Sie sind erstaunt, dass dies bereits die grobe Fahrlässigkeit verkörpern soll? Denn jeder von uns hat diesen Gedanken schon mehr als einmal gehabt – und trotzdem so gehandelt. Was ist nun so schlimm daran? Ganz einfach: Wer diesen Gedanken denkt, dem ist *bewusst*, dass eine konkrete Gefahr existiert. Trotzdem begeht er die gefährliche Handlung. Und der Eintritt des Schadens bestätigt nachdrücklich diese Gefahr. Der Betreffende hofft, „Glück“ zu haben, damit der befürchtete Schaden nicht eintreten wird. Wer also trotz besseren Wissens etwas Gefährliches tut, der handelt grob fahrlässig und muss dafür haften.
   Da im vorigen Urteil der Schüler (grob) fahrlässig gehandelt hatte, übernahm die Schulversicherung den Schaden. Bei grob fahrlässigem Verhalten eines Lehrers würde die Amtshaftpflichtversicherung zahlen, allerdings nur, wenn er eine hat. Ansonsten zahlt er aus der Privatschatulle.
4. Die letzte Stufe schuldhaften Handelns ist die **leichte (unbewusste) Fahrlässigkeit**. Ein Schüler oder Lehrer sieht eine bestehende Gefahr einfach nicht. Deshalb gibt es hier auch keinen Gedanken im Kopf, den ich Ihnen niederschreiben könnte. Leichte Fahrlässigkeit liegt z. B. vor, wenn ein Lehrer zum Beginn der großen Pause *vergisst*, den Klassenraum abzuschließen, die Schüler wieder in die Klasse gehen, dort toben und einer von ihnen sich dabei verletzt.

Ein Gericht würde urteilen: „Das hätte der Betreffende aber erkennen *können*, wenn er sich damit beschäftigt hätte.“ Warum der Betreffende die Gefahr nicht gesehen hat, kann verschiedene Ursachen haben. Der Schuldvorwurf hängt zum einen von der Schwierigkeit ab, bestimmte Gefahren im Voraus zu erken-

nen, zum anderen von der Lebenserfahrung des Betreffenden. Deshalb sind jugendliche Schüler hier stärker geschützt als erwachsene Schüler oder für den Beruf ausgebildete Lehrer.
Das waren in dürren Worten die Stufen der Schuld, auf die Sie bei Gerichtsurteilen und im täglichen Leben immer wieder stoßen werden. Bitte vergessen Sie nicht, dass schon das leichte fahrlässige Handeln schuldhaft ist und somit der Betreffende (oder seine Versicherung) haften, d.h. zahlen muss.

20 Teilnahmepflicht des Lehrers an Klassenfahrten

Sachverhalt: Es war einmal ein angestellter Lehrer eines Gymnasiums, der als Klassenlehrer einer 5. Klasse eingesetzt war. Für diese war eine mehrtägige Fahrt in das Landheim der Schule vorgesehen. Der Schulleiter forderte den besagten Kollegen auf, er solle als verantwortliche Begleitperson an der Klassenfahrt teilnehmen. Dieser lehnte jedoch ab, weil er straf- und haftungsrechtliche Konsequenzen befürchtete, falls einem der Kinder etwas zustoßen würde. Er befürchtete, er stehe bei Klassenfahrten quasi „mit einem Bein im Gefängnis". Der Dienstherr ließ sich von diesen Bedenken leider nicht beeindrucken und wies den Lehrer an, trotzdem die Fahrt zu begleiten.

Dieser klagte daraufhin gegen das Land, da in seinem Arbeitsvertrag die Durchführung von Klassenfahrten nicht ausdrücklich genannt sei. Folglich sei er auch nicht verpflichtet, solche Fahrten durchzuführen bzw. zu begleiten.

Die Sache ging zum Arbeitsgericht, wo er recht bekam. Die Schulbehörde legte Berufung beim Landesarbeitsgericht ein, welches ebenfalls seiner Klage stattgab, da die Verpflichtung zu Klassenfahrten tatsächlich nicht im Arbeitsvertrag fixiert war. Andere Dienstpflichten dagegen wie Teilnahme an Konferenzen, Aufsicht auf dem Schulgelände oder Sprechstunden für Eltern waren dort ausdrücklich erwähnt.

Das Land ließ nicht locker und ging in die Revision vor das Bundesarbeitsgericht. Dieses folgte der Argumentation der Vorgerichte aber nicht und verpflichtete den Lehrer zur Teilnahme. Das erhöhte rechtliche Risiko bei Klassenfahrten bestehe zwar, begründe jedoch keine Einschränkung der Arbeitsleistung. Denn auch andere Berufe übten Tätigkeiten aus, die mit erhöhten haftungsrechtlichen Risiken verbunden seien (Ärzte oder Busfahrer).

Die Vorinstanzen hätten verkannt, dass die Durchführung von Klassenfahrten zu den typischen Aufgaben gehöre, die jeder Lehrer zu erfüllen habe. Anders als vom Kläger vorgetragen, umfasse die Arbeit an einer allgemeinbildenden Schule nicht nur die Vermittlung von Fachwissen, sondern erstrecke sich auch darauf, die Schüler durch schulische Veranstaltungen in ihrem sozialen Verhalten zu fördern. Mehrtägige Fahrten innerhalb des Klassenverbandes seien solche schulischen Veranstaltungen. Da sie Bestandteil des Lehrerberufs seien, müssten sie auch nicht ausdrücklich im Arbeitsvertrag erwähnt werden.

Entscheidung des BAG, Urteil vom 26.04.1985:
Die Durchführung von Klassenfahrten gehört zum herkömmlichen Berufsbild eines Lehrers.

Kommentierung: Eine Entscheidung, deren Begründung vermutlich nicht jeden Lehrer überzeugen kann. Denn das Gericht argumentiert, Klassenfahrten seien so typisch, dass man sie nicht zu erwähnen brauche. Die Teilnahme an Konferenzen, Elternsprechtage oder die Aufsicht sind demnach im Arbeitsvertrag erwähnt worden, weil es untypische Lehrertätigkeiten sind? Also, ich weiß nicht.

Auf jeden Fall ist es eine eher unangenehme Entscheidung für diejenigen, die den Stress und die hohe Verantwortung einer Klassenfahrt lieber vermeiden möchten. Dennoch gibt es Möglichkeiten, Klassenfahrten auszuweichen. Das Gericht hält sich allerdings ganz bewusst bei der Frage zurück, unter welchen Umständen ein Lehrer die Teilnahme verweigern kann. Es nennt nur Fahrten mit besonderem Gefährdungsrisiko wie Gebirgstouren, weil der Kollege seine Weigerung vor allem auf diesen Aspekt stützte.

Eine Verpflichtung zur Durchführung von Klassenfahrten ist ebenfalls unzulässig, wenn die durchführenden Lehrkräfte die Kosten dafür ganz oder auch nur teilweise aus der eigenen Tasche zahlen sollen. Was einige Bundesländer in dieser Beziehung ihren Lehrern abfordern, ist schon recht dreist. Schließlich handelt es sich bei einer Klassenfahrt um eine *Dienstreise*, die nicht zum eigenen Vergnügen, sondern für den Dienstherrn durchgeführt wird.

Gegen die vertrauensvolle Zusammenarbeit des Beamtenrechts spricht in meinen Augen die raffinierte Variante, von Lehrern vor der Genehmigung der Fahrt eine *Verzichtserklärung* auf Ersatz der entstehenden Kosten unterschreiben zu lassen. Denn die Kultusfunktionäre wissen, was jeder mittelmäßige Jurist weiß: Der scheinbar freiwillige Verzicht auf die *per Gesetz* zustehenden Reisekosten ist juristisch mehr als fragwürdig. Die Lehrkraft wird bewusst in eine Zwickmühle gebracht, indem sie sich zwischen der von Schülern und Eltern gewünschten Klassenfahrt und der Erstattung der gesetzlich vorgesehenen Reisekosten entscheiden muss. Falls es möglich wäre, gesetzliche Regelungen (Reisekostengesetz) durch eine simple Unterschrift aufzuheben, sollte man einmal darüber nachdenken, ob unsere Schüler uns nicht schriftlich davon befreien könnten, Klassenarbeiten schreiben zu lassen?

Aber selbst wenn das Bundesland alle mit der Klassenfahrt entstehenden Kosten trägt, gibt es Fälle, in denen eine Verpflichtung nicht angemessen wäre. Bei gesundheitlichen, familiären oder anderen zwingenden persönlichen Gründen würde es die Fürsorgepflicht des Dienstherrn gebieten, von einer Verpflichtung abzusehen. Und ob man Lehrer dazu verpflichten kann, mit fremden Menschen Zimmer, Toilette und Bad zu teilen, erscheint unter dem Gesichtspunkt einer angemessenen Lebensführung ebenfalls fraglich.

Schließlich gibt es noch andere Möglichkeiten für die Begleitung bei Klassenfahrten. Da auch Mütter von Schülern, volljährige Schüler oder Praktikanten und Referendare als Begleitung mitfahren können, ist die Auswahl größer, als mancher Schulleiter denkt.

21 Rücknahme der Anmeldung zur Klassenfahrt

Sachverhalt: Zum krönenden Abschluss der Schulzeit wollte die 10. Klasse einer Realschule als Klassenfahrt eine Skifreizeit durchführen, die im März 2002 stattfinden sollte. Bereits gut ein Jahr vorher stellte die Klassenlehrerin die geplante Fahrt auf einem Elternabend vor und verfasste einen Informationsbrief für die Eltern. In ihm wurden die voraussichtlichen Gesamtkosten dargelegt (max. 500 DM), und die Eltern wurden gebeten, bis Ende April 2001 ihre Zustimmung zu geben, damit man mit der konkreten Planung beginnen könne und noch ein preiswertes Quartier bekomme.

Am 3. April unterschrieb auch die Mutter S. die Einverständniserklärung für ihre Tochter. Die Schule schloss darauf die notwendigen Verträge mit dem Busunternehmen und dem Betreiber der Unterkunft.

Mit Brief vom November 2001 wurden die Eltern aufgefordert, bis spätestens Mitte Februar 2002 den Betrag von 500 DM zu überweisen. Mutter S. überwies nicht. Stattdessen meldete sie Anfang Januar ihre Tochter aus Krankheitsgründen unter Vorlage eines ärztlichen Attests von der Fahrt ab. Die Lehrerin meldete sofort eine Teilnehmerin weniger für die Fahrt, was die Kosten in einigen Punkten reduzierte (z. B. Verpflegung), andere Kosten jedoch blieben (z. B. Busfahrt).

Nachdem die Schule die Mutter mehrfach vergeblich aufgefordert hatte, einen anteiligen Kostenbeitrag von 98,50 DM für ihre Tochter zu zahlen, ging die Sache vor Gericht.

Die Mutter weigerte sich weiter zu zahlen, da sie sich nicht ausdrücklich verpflichtet habe, auch für den Fall des Rücktritts die nicht abwendbaren Kosten zu übernehmen. Die von ihr unterschriebene Einverständniserklärung sei ihrer Ansicht nach nur ganz generell gemeint gewesen und nicht als juristisch verbindliche Willenserklärung zu betrachten. Zudem habe die Schule die Fürsorgepflicht verletzt, indem sie weder für die Schüler eine Reiserücktrittskostenversicherung abgeschlossen, noch sie als Mutter darauf hingewiesen habe, dass eine solche Versicherung sinnvoll bzw. notwendig sei.

Die erste Instanz (Verwaltungsgericht) folgte dieser Argumentation nicht und gab der Schule recht, worauf die Mutter in die Berufung vor das OVG zog. Auch dort unterlag sie, und zwar mit folgenden Gründen: Die Schule habe ihre Fürsorgepflicht bezüglich einer Reiserücktrittskostenversicherung nicht verletzt. Da es Aufgabe der Mutter sei, die Kosten für die Fahrt ihrer Tochter zu übernehmen, liege es auch in ihrer Entscheidung, ob und wie sie ein eventuelles Kostenrisiko für eine eventuelle Nichtteilnahme absichere.

Aber auch unabhängig davon müsse die Mutter zahlen. Selbst wenn die Einverständniserklärung nicht ausdrücklich auf die Verbindlichkeit hinweise und die Kostenübernahme für den Fall eines Rücktritts nicht erwähne, so seien diese Punkte *bei verständiger Auslegung* mit enthalten. Schließlich sei bei Verträgen nicht am buchstäblich Geschriebenen festzuhalten, sondern stets der wirkliche Wille zu erforschen. Das schriftliche Einverständnis in die Fahrt umfasse selbstredend auch die Bereitschaft, die Kosten der Fahrt zu übernehmen.

Die frühe Buchung der Fahrt sei gerechtfertigt gewesen, um preisgünstig eine Unterkunft in einem begehrten Skigebiet zu bekommen. Deshalb hätten sich die Eltern bei einer solchen Fahrt früh verbindlich erklären müssen. Das Gericht verwies zudem auf die Freiwilligkeit der Teilnahme an der besagten Klassenfahrt. Deshalb liege das Kostenrisiko eines Ausfalls allein beim jeweiligen Teilnehmer bzw. seinen Eltern.

Die zum Zeitpunkt der Abmeldung von der Fahrt nicht mehr abwendbaren Kosten dürften nicht auf die anderen Teilnehmer umgelegt werden. Denn dies würde ihren Anteil nachträglich unberechenbar erhöhen. Vielmehr müssten die anderen Teilnehmer darauf vertrauen können, dass ihnen nur die im Anmeldeformular bezeichneten Kosten zur Last fielen. Denn diese seien eine wesentliche Grundlage ihrer verbindlichen Zusage gewesen.

Entscheidung des OVG Koblenz, Urteil vom 09.10.2003:
Die Anmeldung zur Klassenfahrt umfasst zugleich die Zusage der Eltern, die Kosten auch zu übernehmen, wenn das Kind später nicht mitfahren kann.

Kommentierung: Genau so ist es. Überraschend an diesem Urteil ist die Tatsache, dass es einen Fall behandelt, bei dem die Schülerin ohne eigenes Verschulden nicht mitfahren konnte.

Umso mehr gilt das Urteil für die Fälle, in denen Teilnehmer sich aus fadenscheinigen Gründen kurz vor der Fahrt ausklinken, weil sie keine Lust mehr haben. Das Urteil gilt sinngemäß ebenfalls für Tagesfahrten. Auch hier können die Kosten, die durch den Wegfall entstehen, einbehalten oder eingefordert werden. Eine Umlage auf die anderen Teilnehmer wäre natürlich bequem für denjenigen, der nicht mitfährt. Aber man stelle sich einmal vor, mehrere Schüler würden nicht mitfahren. Dann würde der Preis für die anderen deutlich nach oben gehen. Und das ist nicht vertretbar. Schließlich müssen die restlichen Schüler bzw. ihre Eltern sich darauf verlassen können, dass die veranschlagten Kosten eingehalten werden.

1. Tipp: Da so etwas immer wieder vorkommt, empfiehlt sich vor mehrtägigen Klassenfahrten unbedingt der Abschluss einer *Reiserücktrittskostenversicherung* (in einigen Bundesländern bereits vorgeschrieben) oder eine schriftliche Information der Eltern über diese Möglichkeit. Unterstellt man nur eine normale Ausfallquote von 3 bis 5 %, so hat man statistisch pro Klasse schon ein bis zwei Ausfälle. Das Gericht hat zwar die Schule von der Verpflichtung freigestellt, die Eltern über eine mögliche Absicherung zu unterrichten, aber die Information darüber vermeidet Streitigkeiten, falls doch jemand ausfällt. Wie heißt es doch unter Richtern: „Die besten Prozesse sind diejenigen, die gar nicht erst stattfinden." Die Versicherung ist nicht teuer (ca. 4 Euro pro Person) und zahlt nach meinen Erfahrungen problemlos, z. B. auch im Falle von Nichtversetzungen. Um die Zahl der Rücktritte zu begrenzen, muss manchmal eine kleine Selbstbeteiligung (ca. 20 Euro) gezahlt werden.

2. Tipp: Empfehlenswert ist es, auch bei Tagesfahrten, bereits in die Einverständniserklärung der Eltern einen Passus aufzunehmen, dass die Kostenübernahme auch für den Fall eines *überraschenden Rücktritts* gilt. Dies hat das Gericht ebenfalls nicht verlangt, es verhindert aber unnötige Diskussionen. Zeigt man das den Eltern, mit ihrer Unterschrift darunter, ist der Fall meist erledigt. Die Eltern stellen dann überrascht fest, dass sie eigentlich alles unterschreiben, was ihre Kinder ihnen vorlegen. Aber das ist nicht Ihr Problem.

Letzter Tipp: Für die Kollegin aus dem obigen Urteil: Man sollte nie erst so spät die Zahlungen der Eltern einfordern. Hätte die Kollegin es wie ein Reiseunternehmen gemacht, nämlich mit der Anmeldung gleich eine Anzahlung von 25 % eingefordert, so wären damit die Ausfallkosten bequem gedeckt gewesen. Und vermutlich hätte die Mutter ihrerseits nicht geklagt, um die bereits gezahlten 125 DM wiederzubekommen.

Allerletzter Tipp: Um die Zahlungsgeschwindigkeit zu erhöhen, kann man es wie folgt regeln: Diejenigen, die schon überwiesen haben, dürfen sich bereits ihre Plätze in den Zimmern aussuchen. Das wirkt wahre Wunder.

22 Aufsichtspflicht beim Klassenausflug

Sachverhalt: Die Lehrerin einer Hauptschule machte mit ihrer 6. Klasse (26 Schüler) im Sommer einen Klassenausflug zu einem nahe gelegenen Baggersee. Dort wollte man grillen und baden. Das Baden war hier auf eigene Gefahr zulässig, eine Badeaufsicht gab es nicht. Unter den Schülern befand sich auch die damals 14-jährige A.

Bereits bei einem früheren Ausflug zum Baggersee hatte die Lehrerin die Kinder deutlich auf die Gefahren hingewiesen. Sie informierte über plötzlich auftretende kalte Strömungen und überraschende Untiefen. Nichtschwimmer sollten deshalb nur im knietiefen Wasser plantschen, Schwimmkundige durften allerdings auch im brusttiefen Wasser schwimmen, wenn eine Einverständniserklärung der Eltern vorgelegt wurde. Beim ersten Ausflug legten drei Kinder eine Erlaubnis vor, nicht aber die Schülerin A. Der Ausflug verlief ohne jegliche Zwischenfälle.

Vor dem nächsten Ausflug erinnerte die Kollegin noch einmal an die Regeln. Diesmal erhielt sie von zehn Eltern schriftliche Bestätigungen, dass die Kinder schwimmen können. Auch die Schülerin A. legte eine solche (allerdings von ihr gefälschte!) Bestätigung vor.

Die Lehrerin hatte den Kindern erlaubt, Luftmatratzen mitzunehmen. Auf dem Wasser sollten diese aber nur in Absprache mit ihr benutzt werden. Der Klassenausflug war bei der Schulleitung beantragt und genehmigt worden, allerdings hatte die Lehrerin sich nicht um eine zweite Aufsicht bemüht, obwohl sie keine Rettungsschwimmerin war.

Es war ein schöner Sommertag, am See herrschte reger Badebetrieb. In der Nähe der Klasse hielten sich viele andere Badegäste auf. Irgendwann während des Aufenthalts paddelte A. mit ihrer Freundin B. in der Nähe des Ufers auf einer Luftmatratze, von der sie aber plötzlich herunterfiel und sofort im drei Meter tiefen Wasser unterging.

Die Lehrerin saß etwa 20 Meter entfernt und bemerkte von alledem nichts. Als B. zu ihr gerannt kam, lief sie zum See und suchte zusammen mit anderen Badegästen nach der Schülerin, jedoch ohne Erfolg. Etwa eine Stunde später bargen Taucher das ertrunkene Mädchen.

Das Gericht stellte zunächst fest, dass ein Baggersee als Ausflugsziel für eine Klasse mit so jungen Schülern grundsätzlich ungeeignet sei. Es verurteilte die Lehrerin, weil sie zum Zeitpunkt des Unglücksfalls die Beaufsichtigung der Kinder vernachlässigt habe, wodurch es zu dem Ertrinken gekommen sei.

Die Vernachlässigung der Aufsicht sei auch eine Folge der unzureichenden Erklärungen der Eltern. Eine einfache schriftliche Bestätigung durch die Eltern sei nicht ausreichend, da aus ihr nicht hervorgehe, *wie gut* ihr Kind schwimmen könne. Die Bescheinigung, ein Kind könne schwimmen, sei unklar. Denn das Schwimmen von einigen Zügen reiche für das Baden in einem Baggersee nicht aus. Vielmehr müsse eine *ausreichende Schwimmfähigkeit* der Kinder, z.B. durch ein Freischwimmerzeugnis, *sichergestellt* sein.

Das Gericht verurteilte daher die Lehrerin wegen fahrlässiger Tötung zu einer Geldstrafe von 30 Tagessätzen, also einem vollen Monatsgehalt. Die Berufung der Lehrerin gegen diese Entscheidung wurde in der nächsten Instanz verworfen.

Entscheidung des OLG Köln, Urteil vom 29.10.1985:
Ein Baggersee ist für einen Klassenausflug ungeeignet, wenn nicht alle Kinder nachweislich gut schwimmen können. Die Bestätigung der Eltern, ihr Kind könne schwimmen, reicht für diesen Nachweis nicht aus.

Kommentierung: Wenn Sie meinen, die Kollegin sei glimpflich davongekommen, so haben Sie nicht bedacht, dass dies nur der Strafprozess war. Zusätzlich zur Geldstrafe aus dem Strafprozess kommen natürlich noch die erheblichen zivilrechtlichen Schadensersatzforderungen der Eltern (dazu mehr auf S. 69). Und da hier grobe Fahrlässigkeit vorlag („Es wird schon nichts passieren"), wird der Dienstherr zwar zunächst für die Lehrerin in die Bresche springen, später aber das verauslagte Geld von ihr zurückfordern (sog. Regress). Dies alles ist nachzulesen im Artikel 34 des Grundgesetzes.

Nun aber zum Kern der Entscheidung: Sportliche Aktivitäten sind **gefahrgeneigte Tätigkeiten**, für die es spezielle Erlasse gibt, die penibel zu befolgen sind. Und es geht sogar noch weiter: Falls besondere Umstände zusätzliche Maßnahmen erfordern, die über die Richtlinien für Ausflüge hinausgehen, so muss der Lehrer sie notfalls treffen.

Einer Lehrkraft, sofern sie keine naive Berufsanfängerin ist, muss klar sein, welche magische Anziehungskraft im Hochsommer ein Gewässer besitzt. Wenn zudem an dieser Stelle noch reger öffentlicher Badebetrieb herrscht, ist eine einzelne Lehrkraft, selbst wenn sie Rettungsschwimmerin wäre, hoffnungslos überfordert.

Am meisten überrascht Sie vermutlich, dass die Bestätigung der Eltern nicht ausreicht. Sie finden, die Lehrerin hätte alles getan, was sie tun konnte? Na ja, das ist wohl Ansichtssache. Für einen Besuch im Schwimmbad mit einem Bademeister, der die Schwimmaufsicht übernimmt, hätte es vielleicht gereicht, nicht jedoch für dieses unbekannte Gewässer.

Denkt man in Ruhe über die Entscheidung des Gerichts nach, so ist vieles nicht von der Hand zu weisen. Fast alle Eltern werden ihrem drängelnden Kind schon bescheinigen, dass es irgendwie „schwimmen" kann, weil das Schwimmenkönnen ein sehr dehnbarer Begriff ist, und sie glauben, die Lehrerin würde alles überwachen.

Die Fälschung durch die Schülerin spielte keine Rolle, sie entlastete die Lehrerin nicht. Denn ihr Fehler lag darin, dass sie sich nicht *präzise* bescheinigen ließ, wie gut die Kinder schwimmen können.

Sie finden es bedauerlich, dass man mit Schülern nichts mehr machen kann, was so richtig Spaß macht? Das verstehe ich, mir geht es genauso. Aber die Zeiten haben sich geändert. Früher hat man sich über viele Gefahren einfach keine Gedanken gemacht. Da fuhr man im Auto ohne Sicherheitsgurt oder brauste auf dem Motorrad ohne Helm durch die Landschaft und aß hinterher noch Tiramisu aus rohen Eiern. Alles nach dem Motto: „No risk, no fun".

Demnächst werden wir aber womöglich in allen Bussen Sicherheitsgurte haben und bald auch eine Helmpflicht für Fahrradfahrer. Das Leben wird halt immer langweiliger.

Und da alles immer mehr abgesichert wird, werden auch die Anforderungen an die Lehrer immer höher. Sie sollten sich also gut überlegen, ob Sie zum nächsten Klassenfest noch ihr traditionell gemachtes Tiramisu beisteuern.

Natürlich können Sie auch heute noch mit Schülern in einem See baden, aber die Auflagen sind so hoch, dass es vermutlich Winter ist, bis Sie alle Bedingungen erfüllt haben. Und selbst dann werden Sie Ihr gegrilltes Würstchen nicht in Ruhe genießen können.

Konsequenz für Sie (und die Schüler): Wer keine amtliche Bescheinigung über seine Schwimmfähigkeit vorlegen kann, darf eben nicht ins Wasser, sondern muss die Würstchen grillen. Allerdings birgt auch das wieder Risiken (Feuer, Verbrennungen, Krebsgefahr!).

Variante: Was wäre gewesen, wenn die Schülerin ein gefälschtes Freischwimmerzeugnis vorgelegt hätte? Dann wäre die Kollegin (mit einer zweiten Aufsicht als Rettungsschwimmer) aus dem Schneider gewesen. Mehr hätte sie nicht tun können. Anders wäre es, wenn die Schülerin schon einmal durch gefälschte Dokumente, z. B. Entschuldigungen, aufgefallen wäre. Dann wäre eine Kontrolle erforderlich gewesen.

Immer daran denken: „Der Teufel ist ein Eichhörnchen!" Dieser Satz ist zwar etwas schräg, aber sehr einprägsam. Er besagt, dass viele Dinge, die auf den ersten Blick nett und harmlos aussehen, unter Umständen erhebliche Risiken bergen.

23 Ersatz für gestohlenes Schülereigentum

Sachverhalt: Für die „Kurzen“ der Grundschule stand Sportunterricht auf dem Stundenplan. Wie immer ließ die Sportlehrerin vor dem Unterricht die Kinder ihre Uhren, Ringe und andere Gegenstände auf die Fensterbank zum angrenzenden Sanitätsraum legen. Andere Möglichkeiten zur Verwahrung von Wertgegenständen gab es offensichtlich nicht. Eine achtjährige Schülerin hatte – so ihre Aussage – ihren prachtvollen güldenen Fingerring auf die Fensterbank gelegt. Am Ende des Unterrichts machte die Schülerin geltend, ihr wertvoller Ring fehle. Sie vermutete, ein anderes Kind habe den Ring gestohlen. Die Befragung der Mitschüler und die Suche in den Räumlichkeiten der Turnhalle blieben erfolglos. Die Lehrerin konnte sich nicht an das Ablegen des Ringes erinnern, es aber auch nicht ausschließen.

Die Eltern der Schülerin forderten daraufhin Schadensersatz (1000 DM) von der Sportlehrerin bzw. von der Schule. Sie meinten, es sei die Pflicht der Schule gewesen, für eine sichere Aufbewahrungsmöglichkeit des Schmuckstücks zu sorgen. Schließlich sei es die Pflicht der Schule, die Kinder auch vor Vermögensschäden zu bewahren. Denn nur durch die Anweisung der Sportlehrerin habe sich ihr Kind von dem kostbaren Ring, dem Andenken an eine geliebte Tante, getrennt, sodass er verschwinden konnte. Die Schule hielt entgegen, so wertvolle Dinge hätten überhaupt nichts in der Schule zu suchen. Der Anwalt der Eltern erklärte jedoch, es sei nicht ungewöhnlich, dass Kinder auch wertvolle Dinge mit zur Schule nähmen, um sie ihren Klassenkameraden zu zeigen.

Die Schule lehnte die Forderung der Eltern ab, nicht zuletzt deshalb, weil die Lehrerin den Ring vorher nicht bewusst gesehen hatte und aussagte, eigentlich habe niemand unbemerkt an die Fensterbank kommen können. Denn sie habe die Fensterbank ständig im Blick gehabt.

Die Sache ging vor Gericht. Das Landgericht wies die Klage der Eltern aus folgenden Gründen ab: Die Eltern treffe ein so hohes **Mitverschulden**, dass ein etwaiges Verschulden der Schule dahinter völlig zurücktrete. Denn auch die Eltern hätten die Pflicht, ihr Kind vor Vermögensschäden zu schützen. Sie hätten deshalb Vorkehrungen treffen müssen, damit ihr achtjähriges Kind nicht eine so wertvolle Sache mit in die Schule nimmt. Dies gelte umso mehr, wenn an dem betreffenden Tag Sportunterricht stattfinde, bei dem bekanntermaßen Wert- und andere Gegenstände abgelegt werden müssten. Es entspreche der Lebenserfahrung, dass dies eine Situation ist, in der Gegenstände leicht abhanden kommen.

Die Entscheidung wurde vom OLG bestätigt. Zwar wurden in dieser Instanz Zweifel an der Zweckmäßigkeit der Maßnahmen der Schule zur Aufbewahrung angedeutet, aber die ganz überwiegende Mitschuld der Eltern gab wiederum den Ausschlag. Die Eltern hätten verhindern müssen, dass ihr Kind den Ring an diesem Tag mit zum Unterricht nimmt.

Entscheidung des OLG Schleswig, Urteil vom 11.03.1977:
Kommt ein wertvolles Schmuckstück einer Schülerin während des Sportunterrichts abhanden, so tragen die Eltern eine erhebliche Mitschuld.

Kommentierung: Im Endergebnis zutreffend und praxisnah geurteilt. Aber selbst bei einer nicht so wertvollen Sache wäre die Sportlehrerin vermutlich nicht zu belangen gewesen. Sie hätte nur das tun müssen, was ihr ohne große Mühe zuzumuten war, um die Wertsachen sicher vor schnellen unberechtigten Zugriffen zu verwahren.

Auf jeden Fall ist es einem Lehrer nicht zuzumuten, vor und nach jedem Unterricht in einer detaillierten Empfangs- und Ausgabeliste, womöglich noch gegen Quittung, über jeden entgegengenommenen Gegenstand Buch zu führen. Die Aufgabe der Sportlehrer, aber auch der anderen Lehrer, besteht in der Unterrichtung und Erziehung der Schüler und nicht in der Verwahrung von deren persönlichen Gegenständen.

Ähnlich wie das OLG habe aber auch ich leise Zweifel, ob die schlichte Ablage auf einer Fensterbank ausreichend ist, um die abgegebenen Gegenstände sicher zu verwahren. Ich hätte der Kollegin eine Tasche oder ein Kästchen mit einem Verschluss empfohlen, damit man nicht einfach im Vorbeigehen etwas wegnehmen kann. Schon das Öffnen eines Reißverschlusses wäre nicht so ohne Weiteres möglich gewesen.

Richtig ist, dass die Schule ihre Schüler auch vor Vermögensschäden bewahren sollte. Dazu empfiehlt sich ganz grundlegend ein klarer Hinweis in der Schulordnung, wertvolle Sachen nicht mit zur Schule zu bringen. Dieser Hinweis ist ebenfalls für Klassenfahrten sinnvoll, da es dort in den Gemeinschaftsunterkünften fast regelmäßig zu Diebstählen kommt. Wenn Schüler oder Schülerinnen es dennoch tun, haben sie den Schwarzen Peter und nicht die Lehrkraft. So wie im obigen Urteil.

Für die sichere Verwahrung von Lehrer- und Schülereigentum ist grundsätzlich der Schulträger verantwortlich. Er braucht dafür nicht in jedem Raum 30 Safes zu installieren, aber er muss geeignete Maßnahmen treffen oder Möglichkeiten schaffen, das Eigentum der Schüler (und Lehrer) gegen Diebstahl zu schützen. Ist dieser Schutz mangelhaft, sollte der Schulträger darauf hingewiesen werden. Geschieht daraufhin nichts, muss letztlich der Schulträger bzw. seine Versicherung zahlen. Allerdings sind nur Gegenstände abgedeckt, die für den Schulbesuch notwendig sind (Sie erinnern sich noch an das Handy aus Urteil 9?).

Tipp: Wenn Sie doch einmal Gegenstände für Ihre Schüler verwahren müssen, sollten Sie nicht so genau hingucken. Die Sportkollegin profitierte davon, dass sie sich nicht an einen goldenen Ring erinnern konnte. Hätte sie diesen bewusst wahrgenommen und dies der Schülerin gegenüber zugegeben, wäre es schon etwas schwieriger geworden. Falls also ein Schüler kommt und suggestiv sagt: „Sie haben doch gesehen, wie ich meine Rolex dort hineingelegt habe, oder?“, sollten Sie verneinen und deutlich machen, dass Sie sich wirklich nicht an jeden Gegenstand erinnern können, den Sie verwahren.

24 Teurer Stadtplan durch Urheberrechtsverletzung

Sachverhalt: Zu Zeiten des Internets und der dadurch potentiellen Verfügbarkeit aller möglichen Informationen gab es einmal einen Privatmann. Dieser besaß eine Firma und verwendete auf seiner Internetseite zwei Ansichten eines Stadtplans, die er sich (nach erster Einschätzung) kostenlos aus dem schier unerschöpflichen Internet geholt hatte. Eine war die Gesamtansicht seiner Stadt, die andere war eine Detailansicht, die den Bereich um seine Firma genauer zeigte.

Der Rechteinhaber, ein Anbieter von Stadtplänen im Internet, fand den nicht genehmigten Einsatz der Pläne heraus und forderte für die Verwendung seines Stadtplans eine Lizenzgebühr von 1200 Euro. Diese wollte der Verwender nicht zahlen, weil er meinte, die Stadtpläne seien im Internet zur freien Verfügung eingestellt worden. Selbst bei einer anderen Auffassung zum Urheberrecht sei eine Lizenzgebühr in dieser Höhe völlig überzogen.

Daraufhin ging die Sache gleich vor das Landgericht, und zwar wegen des hohen Streitwerts. Der Kläger sattelte nun drauf und forderte jetzt nicht nur die Lizenzgebühr, sondern auch Abmahn- bzw. Anwaltskosten, sodass die Festsetzung eines Streitwerts von stolzen 9000 Euro gefordert wurde.

Das LG entsprach diesem Antrag und verurteilte den Beklagten zur Zahlung dieser Summe. Die Sache ging in die Berufung zum OLG, das den Streitwert zwar auf immer noch stattliche 6000 Euro heruntersetzte, dem Kläger in der Sache aber wiederum recht gab.

Zur Begründung der hohen Summe für zwei Ansichten, die doch eigentlich nur eine Stadt zeigen, führte das Gericht aus, der Kläger habe ebenfalls das Recht, bei der Veranschlagung des Streitwerts eine wirkungsvolle *Abschreckung* zu berücksichtigen. Damit sei der wertbildende Faktor nicht nur der tatsächliche Schaden durch entgangene Lizenzgebühren, sondern auch die Abschreckung.

Der Verstoß des Beklagten sei zwar nicht erheblich, aber es gehe bei der Verfolgung des Urheberrechts auch darum, zukünftige Verstöße einzudämmen. Angesichts der Tatsache, dass das Kammergericht Berlin in einem vergleichbaren Fall den Streitwert auf 10 000 Euro festgesetzt habe, befinde sich der veranschlagte Wert von 6000 Euro noch im unteren Bereich und sei damit gerechtfertigt.

Entscheidung des OLG Hamburg, Beschluss vom 10.03.2004:
Der Streitwert einer Urheberrechtsverletzung dient auch der Abschreckung.

Kommentierung: Was hat dieses Urteil im Schulrecht zu suchen? Nun, ein solches Urteil kann jeden Lehrer treffen, der seinen Schülern für die Fahrt nach Entenhausen einen Stadtplan aus dem Internet „zieht", diesen dann kopiert und verteilt. In solch einem Fall handelt der Lehrer nämlich nicht als Beamter, sondern als Privatperson und muss mit ähnlichen Forderungen gegen sich rechnen.

Es gibt auch einen Fall, in dem ein Lehrer zu wirklich angemessenen 1400 Euro verurteilt wurde. Aber den stelle ich hier nicht vor, weil es mir bei diesem Urteil um den saftigen Preisaufschlag aus Gründen der Abschreckung geht. Und der kann nicht nur Geschäftsleute, sondern eben auch Lehrer treffen. Also Vorsicht!

Zwar gibt es auch Urteile, bei denen die Urheberrechtsverletzung mit nur 1000 Euro für den Lizenzschaden und die Abmahngebühr festgesetzt wurde. Und vielleicht kennen einige Leser das Urteil des AG Charlottenburg, in dem nur schlappe 100 Euro Abmahngebühr für die unerlaubte Verwendung eines Stadtplans festgesetzt wurden. Aber ich würde mich nicht auf solche Discountpreise verlassen.

Wie sind solche Schwankungen zu erklären? Nun, das Geschäft mit Urheberrechtsverletzungen ist sehr einträglich und nicht sonderlich kompliziert. Man muss nur im Internet ein wenig recherchieren und schon wird man fündig. Es gibt dubiose „Firmen", die sich auf das Abmahnen spezialisiert haben. Diese sind gerichtsbekannt, und aufgeweckte Gerichte versuchen, diesem Treiben entgegenzuwirken, indem sie solchen Berufsklägern wirklich nur das Minimum zusprechen. Das ist der Grund für die extrem niedrigen Summen in einigen Fällen.

Diese Niedrigpreise sind aber nicht der Standard und wiegen viele Lehrkräfte in trügerischer Sicherheit. Denn wenn man etwas von jemandem kopiert, der nicht zur Abmahn-Mafia gehört, dann wird es richtig teuer. Lassen Sie sich also nicht von juristisch halbgebildeten Kollegen auf dünnes Eis führen, indem auch Sie glauben, 100 Euro seien das Maximum, das einem Lehrer droht. Weit gefehlt.

Als aufmerksamer Leser haben Sie natürlich begriffen, dass die Präsentation im Internet zwar den *individuellen* Gebrauch erlaubt, nicht aber die *Vervielfältigung*, wie Lehrer sie für Tagesfahrten gerne einsetzen.

Und es kommt noch schlimmer. Selbst ein *gekaufter* Stadtplan berechtigt Sie noch lange nicht dazu, ihn zu vervielfältigen und in der Klasse zu verteilen. Denn mit dem Kauf eines Stadtplans erwirbt man leider nicht zugleich das Recht der *Veröffentlichung*.

1. Tipp: Nun sollen Sie erfahren, warum der Verlag mich so fürstlich entlohnt. Ich weise Sie nicht nur auf die juristischen Probleme hin, sondern zeige Ihnen auch, wie man sie praxisnah löst.

Entweder Sie zeichnen den Stadtplan selbst (war ein Scherz!), oder Sie geben den *Schülern* auf, sie (oder ihre Eltern) sollen sich darum kümmern, wie man sich in der Innenstadt zurecht- und wieder den Weg zum Busparkplatz findet. Dann wäre ein etwaiger Stadtplan der Schüler aus dem Internet nicht mehr Ihr Problem.

Noch ein Hinweis, falls Sie einen bestehenden Stadtplan abzeichnen: Wenn Sie diesen nur stumpf durchpausen, also nicht verändern, begehen Sie ebenfalls eine Urheberrechtsverletzung, da es sich nicht um eine eigene schöpferische Gestaltung handelt.

2. Tipp: Es gibt noch eine Möglichkeit, die gut funktioniert und dabei völlig legal ist. Allerdings setzt sie eine mittelfristige Planung voraus. Fast alle größeren Städte haben ein Fremdenverkehrsamt. Dort gibt es in der Regel kostenlos Stadtpläne, die man sich in größerer Zahl zusenden lassen kann. Dass auf diesen Stadtplänen auch kommerzielle Werbung ist, mit denen das Ganze finanziert wird, kann Ihnen und den Schülern egal sein. Manchmal bekommt man dadurch sogar nützliche Anregungen.

Exkurs: Die Rechtsgebiete und der Schadensersatz

An dieser Stelle bietet es sich an, einen kleinen Abstecher zu machen, um die einzelnen Rechtsgebiete zu erklären, mit denen Lehrer in der Schule zu tun haben. Grundsätzlich unterscheidet man

- das öffentliche Recht und
- das Privatrecht (Zivilrecht).

Im Zivilrecht hat man grundsätzlich gleichberechtigte Partner, die miteinander Verträge aushandeln und dann abschließen. Mit diesem Bereich hat der Lehrer während seines Dienstes allerdings selten etwas zu tun. Es sei denn, er schließt einen Vertrag mit einem Busunternehmen ab oder kauft sich privat eine neue Büchertasche.

Das öffentliche Recht dagegen ist geprägt durch Unter- und Überordnungsverhältnisse. Oben sitzt der Staat, z.B. im Strafrecht, unten sitzen die Bürger. Und wer sich nicht den Gesetzen entsprechend verhält, der wird bestraft. Ich weiß, das ist vielleicht etwas altmodisch und autoritär formuliert, aber es trifft den Kern.

Die Schule gehört zum – ebenfalls öffentlichen – Verwaltungsrecht und ist auch hierarchisch geprägt, worüber man aber selten spricht. Es klingt so unangenehm. Der Lehrer hat seinen Vorgesetzten (den Schulleiter) und seinen Dienstherrn (das Land), die ihn anweisen dürfen, bestimmte Dinge zu tun. Der Lehrer ist ebenfalls weisungsbefugt, nämlich den Schülern gegenüber.

An den Hochschulen und Lehrerseminaren verschweigt man den letztgenannten Aspekt nur allzu gern. Schließlich sollen die Schüler ja nicht gegen ihren Willen zu etwas gedrängt werden. Ganz frei sollen sie wollen, z.B. Vokabeln oder Grammatik lernen. Es ist bewundernswert, wie Pädagogikprofessoren oder Seminarleiter die Schüler (theoretisch) dazu bringen, aus freien Stücken auch die unangenehmsten Dinge zu erledigen. Mir gelingt das fast nie. Meistens muss ich Arbeitsaufträge verteilen. Dafür schäme ich mich aber nach jeder Stunde.

Jetzt wieder von der Schule und ihrem Verwaltungsrecht zurück zum **Zivilrecht:** Dort ist auch der Schadensersatz (§ 823 BGB) geregelt. Der hat allerdings gar nichts mit einer Strafe zu tun. Es geht nur darum, einen Schaden, den man *verschuldet* hat, auszugleichen. Diese Verpflichtung des Schadensersatzes trifft jeden (geistig Gesunden), der über sieben Jahre alt ist. Jeder Schüler (über sieben Jahre) oder Lehrer, der fahrlässig, also aus Unachtsamkeit, das Eigentum eines anderen beschädigt, muss diesen Schaden ersetzen. So weit das Grundprinzip. Manchmal übernimmt eine Versicherung den Schaden, aber nur, wenn man nicht vorsätzlich gehandelt hat.

Neben den sichtbaren Schäden (eine zertretene Brille) gibt es die Verletzung von (unsichtbaren) Rechten. Damit ist ein eleganter Bogen geschlagen zur Verletzung von o.g. Urheberrechten. Da der Eigentümer des Stadtplans die Möglichkeit gehabt hätte, das Recht der Vervielfältigung über eine Lizenz zu verkaufen, wird er durch die ungefragte und unerlaubte Vervielfältigung geschädigt. In einem Verfahren setzt das Gericht dann die **fiktiven Lizenzgebühren** fest, also den Preis, den man regulär dafür bezahlen müsste.

Bei einem Gerichtsprozess kommen noch die Anwaltskosten hinzu, und zwar die eigenen und die der Gegenseite. Außerdem fallen noch die Gerichtskosten oder die Kosten für Sachverständige an. Denn der Verlierer zahlt alles. Und so kann sich eine relativ geringe Urheberrechtsverletzung zu einer recht teuren Angelegenheit auswachsen.

25 Unverzügliche Krankmeldung von Schülern

Sachverhalt: Es war einmal eine offensichtlich eher unsportliche Gymnasialschülerin. Die sollte wie der Rest der Klasse etwas vorturnen, um danach eine Note für den Bereich Geräteturnen zu erhalten. Zum angesetzten Termin (27. März) fehlte sie entschuldigt, sodass die Leistungsüberprüfung für sie nicht stattfinden konnte.

Die Sportlehrerin setzte deshalb einen weiteren Termin an (24.April), zu dem die Schülerin erstaunlicherweise wieder fehlte, diesmal unentschuldigt. Auch in den folgenden Stunden fehlte die Schülerin unentschuldigt. Wegen unentschuldigten Fehlens erhielt sie für die Einheit Geräteturnen eine Sechs, dadurch ergab sich als Gesamtnote für das Fach Sport eine Fünf. Hinzu kam eine Fünf in Latein. Da sie Schülerin keinen Ausgleich hatte, wurde sie gemäß der entsprechenden Verordnung nicht in die Kursstufe versetzt.

Weil die Schülerin damit nicht einverstanden war, wandte sie sich gegen ihre Nichtversetzung. Im Juli des Jahres legte sie Widerspruch ein. Sie behauptete, sie habe nicht unentschuldigt gefehlt. Sie gehe davon aus, eine Entschuldigung bzw. ein Attest für alle Fehlstunden vorgelegt zu haben.

Der Widerspruch wurde durch die Schulbehörde zurückgewiesen, weil die Schülerin laut Eintrag des Klassenbuchs am 24.April unentschuldigt gefehlt hatte und die Sportlehrerin aussagte, sie habe keine Entschuldigung für diesen Tag erhalten.

Die Sache ging vor Gericht, wo die Schülerin im Wesentlichen ihre Argumentation aus dem Widerspruchsverfahren wiederholte. Sie behauptete erneut, der Schule bzw. ihrer Klassenlehrerin bereits im April ein Attest eingereicht zu haben. In jedem Fall lege sie nun (Anfang August) ein ärztliches Attest vor, das bescheinige, dass sie zum damaligen Zeitpunkt (April) nicht sportfähig gewesen sei.

Das Verwaltungsgericht wies die Klage mit folgenden Gründen zurück: Die Schülerin könne *nicht glaubhaft* machen, bereits im April ein Attest eingereicht zu haben. Glaubhaft seien dagegen die Aussagen sowohl der Sport- als auch der Klassenlehrerin, die Entschuldigungen bzw. Atteste in einer festgelegten Weise entgegennähmen und aufbewahrten.

Ausführlich ging das Gericht auf die Vorgabe der Schulordnung ein, Entschuldigungen und Atteste seien „unverzüglich" vorzulegen. Eine unverzügliche Vorlage sei notwendig, um notfalls durch eine amtsärztliche Untersuchung festzustellen, ob eine Sportunfähigkeit objektiv gegeben sei. Werde eine Entschuldigung bzw. ein Attest erst deutlich später eingereicht, sei eine Krankheit unter Umständen schon abgeklungen, sodass eine Überprüfung nicht mehr möglich sei. Eine solche Überprüfungsmöglichkeit sei aber notwendig, um zu verhindern, dass Schüler über angebliche Krankheiten versuchten, Leistungskontrollen aus dem Wege zu gehen.

Die Bewertung schuldhaft versäumter Leistungsnachweise mit einer Sechs sei deshalb zulässig. Denn eine auf Krankheit gestützte Entschuldigung für Fehlzeiten, die erst Monate nach dem Versäumnis durch ärztliches Attest vorgebracht werde, könne keine Berücksichtigung mehr finden.

Entscheidung des VG Berlin, Beschluss vom 28.08.1987:
Erkrankungen mit Unterrichtsfehlzeiten sind unverzüglich anzuzeigen, da eine amtsärztliche Überprüfung nach Abklingen der Krankheit nicht mehr möglich ist.

Kommentierung: Mit bemerkenswerter Praxisnähe hat hier das Verwaltungsgericht ein Problem erkannt, das immer stärker um sich greift: das gezielte Fehlen zu bestimmten Terminen. Und das Gericht wird indirekt noch deutlicher: Die amtsärztliche Überprüfung wird immer öfter notwendig, weil es Ärzte gibt, die ohne sorgfältige Prüfung „Gefälligkeitsatteste" ausstellen. Schließlich geht es ums Geld. Sagen wir es doch einmal ganz deutlich: Ein gewissenhafter Arzt, der Schüler nicht wunschgemäß krankschreibt, sondern vielleicht sogar noch zur Schule schickt, wird diese Klientel verlieren. Der Kollege, der jeden Jugendlichen auf Wunsch krankschreibt, wird dagegen unter der Hand weiterempfohlen und muss sein Wartezimmer vergrößern lassen. Genau aus diesem Grund ist die amtsärztliche Untersuchung heute wichtiger als je zuvor.

Wenn sich (wie hier) der Verdacht aufdrängt, ein Schüler fehle immer dann, wenn seine Leistung überprüft werden soll, so ist der **Amtsarzt** die geeignete Instanz, um eine behauptete oder tatsächliche Krankheit festzustellen. Sehr einleuchtend ist auch die Begründung des Gerichts für eine unverzügliche Vorlage des Attests, weil eine objektive ärztliche Überprüfung deutlich später nicht mehr möglich ist.

Sehr aufschlussreich ist auch der Aspekt der **Glaubwürdigkeit**, die im Urteil eine zentrale Rolle spielt. Die Schülerin behauptete, das Attest abgegeben, die Schule bestritt, es erhalten zu haben. „Jetzt steht doch Aussage gegen Aussage", werden manche denken, „warum sollte man der Schülerin weniger glauben?" Weil es gute Gründe dafür gibt. Die Gerichte sind keineswegs so weltfern, alle Aussagen gleich zu bewerten. Einige Menschen sind eben glaubwürdiger als andere. Das darf man durchaus sagen, und die Gerichte tun es auch recht unverblümt. Wenn die Schule ein festgelegtes Verfahren hat, wie mit Attesten zu verfahren ist und dieses Verfahren auch einhält, dann ist das Verschwinden eines Attests unwahrscheinlich. Viel wahrscheinlicher ist, dass die Schülerin eine **Schutzbehauptung** aufstellt, um daraus Vorteile für ihr angestrengtes Verfahren zu ziehen.

Info: Klären wir noch den juristisch wichtigen Begriff „**unverzüglich**“, der nicht mit „sofort“ gleichzusetzen ist. „Sofort“ heißt: Alles stehen- und liegenlassen, jetzt auf der Stelle etwas tun. Das aber ist nur sehr selten möglich. Die Definition von „unverzüglich“ lautet: ohne schuldhaftes Zögern. Man darf also noch wichtige Dinge erledigen, bevor man etwas tut. Eine Schülerin, die krankgeschrieben ist, dürfte sich erst noch Medikamente in der Apotheke besorgen, sie dürfte sich auch noch den Nachmittag ausruhen, wenn es ihr schlechtgeht. Sobald es ihr aber zuzumuten ist, muss sie das Attest einreichen.

26 Schuldhaftes Fernbleiben von Projektwochen

Sachverhalt: Endlich war es so weit. Alle freuten sich riesig. Von der Gesamtkonferenz eines niedersächsischen Gymnasiums wurde wieder einmal eine Projektwoche beschlossen. Allerdings war eine Kollegin in hohem Maße damit nicht einverstanden. Nachdem sie ausgesprochen widerstrebend an den letzten Projektwochen teilgenommen hatte, riss ihr nun der Geduldsfaden. Sie erklärte, sie werde an der Projektwoche nicht teilnehmen und teilte diese Absicht ihrer vorgesetzten Behörde mit. In dem Schreiben bezweifelte sie die Zweckmäßigkeit und Rechtmäßigkeit dieser Veranstaltung.

Die Behörde teilte ihr mit, Projektwochen seien zusätzliche schulische Veranstaltungen, an denen die Teilnahme verpflichtend sei. Die Projektwoche kam näher und die Kollegen konnten sich Projekte aussuchen, die sie leiten wollten. Die widerspenstige Kollegin verweigerte sich weiter, worauf der Schulleiter ihr das Projekt „Schulhofgestaltung“ zuwies.

Die Kollegin wandte sich wieder an die Behörde und teilte mit, sie werde der Anweisung so lange nicht folgen, bis sie in einem rechtskräftigen Urteil schwarz auf weiß lese, dass sie zur Teilnahme an der Projektwoche verpflichtet sei. Und damit Basta. Es kam die Projektwoche, nicht jedoch die dickfellige Kollegin. Diese blieb zu Hause und teilte mit, sie sei durchaus bereit, regulären Unterricht zu erteilen, nicht aber die Schüler bei kindischen Freizeitaktivitäten zu beaufsichtigen.

Die vorgesetzte Behörde kürzte ihr daraufhin die Bezüge für die besagte Woche. Auch die Disziplinarkammer des Verwaltungsgerichts bestätigte die Verfügung, worauf die Kollegin in die nächste Instanz zum OVG Lüneburg ging. Die dortige Disziplinarkammer bestätigte wiederum die Entscheidung, und zwar mit folgenden Gründen: Ein Beamter dürfe nicht ohne Genehmigung vom Dienst fernbleiben. Die Mitwirkung an einer Projektwoche sei zwar nicht in den gesetzlichen Pflichten der Lehrkräfte aufgezählt, aber diese Aufzählung sei nicht abschließend, sondern exemplarisch. Die Tätigkeit des Lehrers erschöpfe sich nicht in der Unterrichtung, vielmehr reichten die Pflichten der Lehrkräfte ebenfalls in den erzieherischen Bereich. Auch Projektwochen dienten dem schulischen Lernen im weitesten Sinne.

Die pädagogische Gestaltungsfreiheit von Lehrern beziehe sich nur auf die Art und Weise der Durchführung, nicht aber darauf, ob beschlossene Veranstaltungen durchgeführt würden. Der Beschluss der Konferenz sei deshalb verbindlich und zu beachten.

Dem Argument, sie sei nicht dafür ausgebildet, könne nicht gefolgt werden. Zum einen habe es ihr freigestanden, sich ein anderes Projekt auszuwählen, zum anderen habe sie als Beamtin das Beste für die Schüler daraus zu machen. Es könne von ihr erwartet werden, mit etwas Phantasie und pädagogischem Geschick auch auf ungewohntem Gebiet tätig zu werden.

Entscheidung des OVG Lüneburg, Beschluss vom 27.02.1986:
Eine Lehrerin ist verpflichtet, an einer beschlossenen Projektwoche teilzunehmen.

Kommentierung: Die Kollegin kann rundum zufrieden sein. Schließlich wollte sie ja ein Urteil, in dem man schwarz auf weiß lesen kann, dass Lehrer zur Teilnahme an beschlossenen Projektwochen verpflichtet sind. Dieses Urteil hat sie nun ganz exklusiv in die Hand bekommen. Vermutlich wäre es ihr am Ende lieber gewesen, man hätte ihr die schriftliche Verpflichtung ohne ihren Namen darin gezeigt, aber irgendjemand muss eben der bzw. die Erste sein.

Dabei hat sie Glück gehabt, dass man ihr nur die Bezüge gekürzt hat. Zwar wurden diese für die gesamte Woche gekürzt, obwohl sie an der nachmittäglichen Versetzungskonferenz teilgenommen hat, aber ich finde das Urteil immer noch recht nachsichtig. Denn wegen der konstanten Weigerung, der Anordnung ihrer Behörde nachzukommen, hätte man auch etwas härter rangehen können.

Natürlich kann ich die Bedenken der Kollegin verstehen. Auch ich habe manchmal erhebliche Zweifel am geistigen Nährwert einiger Projektwochen, vor allem wenn ich das geringe Engagement und die hohen Fehlquoten der Schüler betrachte. Außerdem ist der durchschnittliche Lehrer oder die Lehrerin nicht speziell für die dort behandelten Themen ausgebildet. Was soll ein Kollege mit einer Vorliebe für Fastfood denn über gesunde Ernährung berichten? Und auch mein Interesse an bestimmten gesellschaftlichen Modethemen hält sich in Grenzen.

Aber, und das ist das Schicksal unseres Beamtenstatus: Vom Lehrer kann verlangt werden, dass er nicht nur sein Bestes gibt, sondern auch auf ungewohnten Gebieten tätig wird (siehe Urteil 20). Wir können eben alles.

27 Üble Nachrede durch Lehrer

Sachverhalt: Vor langer, langer Zeit lebte in einer kleinen Stadt einmal ein Grundschullehrer M., der einen heftigen Erbstreit mit der Familie B. führte. Im Zuge dieser gegenseitigen Streitigkeiten hatte es sogar schon einige Strafanzeigen und (unergiebige) Strafverfahren gegeben. Zum Zeitpunkt des folgenden Falles unterrichtete Lehrer M. Religion in einer 6. Klasse, in der sich früher auch Christian, der Sohn von B., befand. Dieser besuchte aber mittlerweile die Oberschule.

Eines Tages erhielt die Kollegin N. den Brief eines Vaters, der seine Tochter auf recht ungewöhnliche Weise entschuldigte. In dem Brief stand, Christian B. habe ihre Katze gequält, getötet und dann in die Mülltonne geworfen. Als Folge davon sei die Tochter so verstört gewesen, dass sie nicht in der Lage gewesen sei, zur Schule zu kommen.

Den Brief zeigte die Lehrerin im Lehrerzimmer ihren Kollegen, darunter auch dem M., der schnell zu der Auffassung kam, Christian B. habe die Katze tatsächlich getötet. Daraufhin behandelte M. in seiner 6. Klasse das Gebot „Du sollst nicht töten“. Im Zusammenhang damit berichtete er, ein ehemaliger Schüler dieser Klasse habe eine kleine, niedliche Katze gequält und getötet. Wer so etwas tue, sei ein Mörder.

Ein Schüler fragte, ob der besagte Schüler jetzt auf die Oberschule gehe, was der Lehrer mit „kann sein“ kommentierte. Ein anderer Schüler erwähnte noch, der betreffende Junge solle die Katze mit dem Deckel eines Mülleimers erschlagen haben.

Über einige Ecken erfuhren die Eltern B. von diesen Anschuldigungen gegen ihren Sohn. Sie gingen vor Gericht, und zwar erst vor das Amtsgericht, später ging die Sache zum Landgericht. Sie verklagten M. wegen übler Nachrede, weil er über ihren Sohn etwas behauptet habe, was herabwürdigend, aber nicht wahr sei.

Vor Gericht stellte sich heraus, dass die Katzengeschichte offensichtlich von dem Mädchen erfunden worden war, um nicht zur Schule gehen zu müssen. Die abwertende Behauptung des Lehrers in Bezug auf die Tötung der Katze war also nicht zu beweisen. Die Aussage: „Wer so etwas tut, ist ein Mörder!“, wurde aus dem Vorwurf der üblen Nachrede ausgeklammert, weil diese Aussage ein Bedingungssatz sei, der sich auf die Tötung der Katze beziehe und diese voraussetze. Die ehrenrührige Bezeichnung „Mörder“ falle somit für die Urteilsfindung weg.

Anschließend ging es um die Beurteilung der zentralen Frage, ob die Aussage, Christian B. habe eine Katze gequält und getötet, ehrenrührig und damit strafbar sei.

Der Kollege M. trug zu seiner Entlastung vor, er habe die Äußerung gemacht, um seinen Unterricht möglichst anschaulich zu gestalten. Außerdem habe er geglaubt, berechtigte Interessen wahrzunehmen, indem er das unnötige Töten von Tieren anprangerte.

Beide Argumente erschienen dem Gericht nicht glaubhaft, vielmehr nahm das Landgericht persönliche Rache als Motiv der abwertenden Äußerung an. Auch der Bezug auf den Religionsunterricht überzeugte nicht, da es beim 5. Gebot um die Tötung von Menschen (und nicht von Tieren) gehe. Um den Unterricht anschaulich zu machen, hätte der Lehrer nicht auf den Jungen von B. hinweisen müssen. Das LG bejahte also eine strafbare üble Nachrede.

Der Kollege ging in die Revision, und die Sache kam vor das OLG. Dieses führte ergänzend aus: Zwar sei Christian ein Kind von nicht einmal zwölf Jahren, es sei aber trotzdem „beleidigungsfähig" und habe eine Ehre. Bei einem Kind dieses Alters könne in der Behauptung der Vorwurf schlechter Anlagen oder schlechter Erziehung liegen.

Da die Äußerung im Zusammenhang mit dem Religionsunterricht gemacht wurde, habe der Vorwurf darin bestanden, der Junge habe unmoralisch gehandelt und die Katze ohne vernünftigen Grund getötet. Somit war der Vorwurf geeignet, das soziale Ansehen des Jungen zu schmälern.

Das Argument des Kollegen M., er habe den Namen des Jungen ja nicht genannt, wurde ebenfalls nicht akzeptiert. Selbst ohne Namensnennung sei für die Schüler aus dem Zusammenhang klar geworden, dass der Lehrer den Sohn von B. meinte.

Das OLG stellte abschließend fest, dass die Grenze zur Ehrverletzung zwar nur geringfügig überschritten sei, es bestätigte aber die Entscheidung der Vorinstanz.

Entscheidung des OLG Braunschweig, Urteil vom 30.04.1965:
Ein Lehrer, der einem Schüler Tierquälerei und Tötung eines Tieres nachsagt, ohne dass dies wahr ist, macht sich der üblen Nachrede (§ 186 StGB) schuldig.

Kommentierung: Der Fall ist zwar uralt, aber juristisch noch aktuell. Und weil er auch heute noch eine ganze Menge hergibt, habe ich ihn ausgewählt. Die üble Nachrede von Kollege M. ist strafrechtlich sicher nicht das Schlimmste, was ein Lehrer begehen kann. Aber das Urteil zeigt, was gerade nicht mehr zulässig ist, und markiert so die Grenze zwischen zulässigen und unzulässigen Äußerungen.

Und was ist mit dem Vater des Mädchens, der den auslösenden Brief geschrieben bzw. was ist mit dem Mädchen, das diese Lügengeschichte erfunden hat? Das kleine Mädchen ist, da es noch nicht 14 Jahre alt ist, noch nicht strafmündig. Und zum Vater kommen wir gleich noch. Er interessiert uns allerdings nur am Rande, weil wir uns vor allem dem Lehrer widmen, der hier das letzte Glied der Kette darstellt.

Sie haben geglaubt, der Lehrer sei „aus dem Schneider“, weil er ja nur das wiedergegeben hat, was er im Lehrerzimmer von der Kollegin N. gehört hat? Und die hat doch nur wiedergegeben, was im Brief des Vaters stand, oder? Die grundsätzliche Frage ist also, ob man nur den Urheber eines *Gerüchts* wegen übler Nachrede bestrafen soll oder auch jeden, der es weiterträgt. Tatsache ist: Für jemanden, über den Gerüchte in Umlauf gebracht werden, ist es in der Regel fast unmöglich, die *Quelle* des Gerüchts zu lokalisieren. Also wählt das Strafgesetz aus diesem Grund die andere Variante und rollt den Fall von hinten auf. Der Vorwurf der üblen Nachrede trifft somit zunächst das letzte Glied in dieser Kette. Denn unser M. handelt genauso rechtswidrig wie das erste, zweite oder dritte Glied der Kette: Er verbreitet etwas Ehrverletzendes, das er nur über ein Gerücht erfahren hat, aber letztlich nicht haltbar ist. Der Verbreiter des Gerüchts könnte sich entlasten, wenn er den Wahrheitsbeweis für seine Behauptung liefert. Gelingt ihm das nicht, so hat er Pech gehabt. Seine Berufung auf denjenigen, der ihm das erzählt hat, genügt nicht.

Auch die anderen Glieder der Gerüchtekette kann man wegen übler Nachrede belangen, weil sie etwas Negatives behauptet haben, das sie nicht beweisen können. Die Eltern B. könnten also auch gegen den Vater des Mädchens oder die Kollegin vorgehen, wenn sie dies wollten. Erfahrungsgemäß werden sie das aber nicht tun, sondern sie werden nur gegen den vorgehen, der das Gerücht in breiter Form öffentlich macht.

Sie meinen, Gerüchte erzählt doch fast jeder weiter? Richtig, aber davon wird es nicht besser. Und zudem ist es, wie man sieht, riskant.

Fazit: Vorsicht vor ungeprüften negativen Äußerungen über Schüler, wenn Sie sich nicht absolut sicher sind. Und Sie haben gemerkt, selbst die so clever ausgedachte Anspielung „kann sein“ genügt nicht, um juristisch aus der Schusslinie zu kommen.

Tipp: Die Strafbarkeit von Gerüchten gilt nicht nur in Bezug auf Schüler. Auch Gerüchte über unbeliebte Kollegen sind selbstredend strafbar. Und da man als Beamter besondere Pflichten hat (vertrauensvolle Zusammenarbeit), können zum Strafverfahren noch ein Disziplinarverfahren und ein Eintrag in die Personalakte kommen.

Selbst wenn man auf abwertenden Klatsch und Tratsch steht, sollte man sich am besten diskret zurückhalten, vor allem, wenn man noch eine Beförderung anstrebt. Denn wenn man bei dem beliebten Spiel „Neues aus der Gerüchteküche“ mitspielt und dabei erwischt wird, ist unter Umständen „EdeKa“ (Ende der Karriere).

28 Schmerzensgeld bei beleidigender Lehreräußerung

Sachverhalt: „Wenn man Hausaufgaben aufgibt, sollte man sie auch kontrollieren“, dachte sich ein pflichtbewusster Physiklehrer. Also überprüfte er in der 10. Klasse einer Realschule die (hoffentlich zu Hause) angefertigten Eintragungen der Schüler in ihren Physikübungsheften. Beim Schüler A. wurde er jedoch stutzig. Zwar waren Eintragungen an den geforderten Stellen vorhanden, aber die Schrift sah etwas anders aus als sonst bei diesem Schüler.

Der Lehrer fragte, ob der Schüler die Lösungen selbst eingetragen habe. Dieser bejahte. Nun forderte der Kollege den Schüler auf, einige Wörter und Ziffern auf einen Zettel zu schreiben. Das Ergebnis sah etwas anders aus als das ins Heft Geschriebene. Daraufhin bezeichnete der Lehrer in Gegenwart der Mitschüler den besagten Schüler als „Lügner und Betrüger“, weil er vermutete, die im Physikübungsheft eingetragenen Lösungen seien nicht von ihm.

Der Schüler bzw. seine Eltern verklagten den Lehrer bzw. das Bundesland wegen dieser beleidigenden Äußerung zivilrechtlich auf Schmerzensgeld. Vor Gericht ließ sich jedoch nicht abschließend klären, wer die Eintragungen gemacht hatte. Sie hätten vom Schüler stammen können oder auch nicht.

Das Landgericht wies die Klage des Schülers ab, und zwar mit folgender Begründung: Niemand habe behauptet, der Lehrer habe den Schüler *wider besseres Wissen* verdächtigt. Es könne offenbleiben, ob der Lehrer die beanstandete Äußerung tatsächlich so gemacht habe, denn er habe in **Wahrnehmung berechtigter Interessen** gehandelt. In der Erregung über einen vermeintlichen Täuschungsversuch sei die Verwendung auch kräftiger Ausdrücke durchaus verständlich.

Der Schüler und seine Eltern gingen in die Berufung zum OLG. Dort argumentierten sie, die Bezeichnung „Lügner und Betrüger“ sei eine Beleidigung. Selbst wenn der Lehrer einen Verdacht gehabt habe, hätte er diesen nicht vor den Mitschülern pauschal äußern dürfen. Dadurch werde der Schüler als unehrlicher und betrügerischer Mensch dargestellt. Erschwerend komme hinzu, dass der Lehrer sich zu keiner Entschuldigung bereitgefunden habe. Man fordere deshalb 750 DM Schmerzensgeld.

Aber auch das OLG lehnte die Zahlung von Schmerzensgeld ab. Es bezog sich auf die Entscheidung des LG und bestätigte diese, führte aber ergänzend aus: Es handele sich nicht um eine *schwere* Persönlichkeitsverletzung, nur eine solche rechtfertige die Zahlung von Schmerzensgeld. Eine einmalige negative Äußerung unter besonderen Umständen könne einen solchen Anspruch nicht begründen.

Zudem habe der Lehrer in **Wahrnehmung berechtigter Interessen** gehandelt. Durch die Schriftprobe habe er versucht, die Wahrheit herauszufinden. Danach sah er – vielleicht zu Unrecht – seinen Verdacht erhärtet. Deshalb war es für ihn in dieser Situation gerechtfertigt, das Verhalten des Schülers mit kräftigen Worten zu tadeln. Die abwertende Äußerung über den Schüler war auch nicht generell gegen ihn gewandt, weil für die Mitschüler klar war, dass es sich nur auf diese konkrete (vermutete) Täuschungssituation bezog. Aus diesem Grund wurde auch die Berufungsklage zurückgewiesen.

Entscheidung des OLG Oldenburg, Urteil vom 15.01.1990:
Scharf tadelnde Äußerungen eines Lehrers begründen keinen Anspruch auf Schmerzensgeld.

Kommentierung: Sie meinen, das sei quasi der gleiche Fall wie die behauptete Tierquälerei (Urteil 27)? Nicht ganz, denn dort ging es um die strafrechtliche Verfolgung eines Vorwurfs. Hier aber spielte die strafrechtliche Seite der Beleidigung keine Rolle. Stattdessen wollten die Kläger gleich Geld sehen, und dieser Schuss ging nach hinten los.

Ohne in grobe Anwaltsschelte zu verfallen, kann man sagen, dass die Kläger nicht optimal vertreten wurden. Sehr viel günstiger ist es, erst ein Strafverfahren wegen Beleidigung einzuleiten und *nach dessen Erfolg* zivilrechtliche Ansprüche geltend zu machen. Auch ein gegen den Lehrer eingeleitetes Disziplinarverfahren wäre für die eigenen Ziele sicher vorteilhafter gewesen. Vermutlich hätte der Kollege dann schon vor dem Zivilprozess gezahlt.

Aber wenn die klagende Partei bei einer mittelschweren Beleidigung gleich Geld sehen will, hätte ich als Richter auch Zweifel an der Schwere der seelischen Belastung. Und so verwarf das OLG zutreffend den Anspruch auf Schmerzensgeld, der eben nur bei *schwerwiegenden* Persönlichkeitsverletzungen (§ 253 BGB, Schmerzensgeld) infrage kommt.

Pädagogisch ist der Kollege sicher über das Ziel hinausgeschossen, da sein vorschneller Vorwurf nicht haltbar war. Eine Entschuldigung später wäre vermutlich angebracht gewesen, dazu wollte und brauchte das OLG sich aber nicht zu äußern.

Info: In diesem Urteil taucht sie wieder auf, die geheimnisvolle **Wahrnehmung berechtigter Interessen** (§ 193 StGB). Sie ist manchmal in der Lage, kritische bis beleidigende Äußerungen zu rechtfertigen. Deshalb sollten Sie genau weiterlesen, falls Sie nicht nur im Stile der Super-Nanny pädagogisch streichelweiche Impulse geben, sondern notfalls auch mal beinhart kritisieren.

Der Sinn der Regelung ist folgender: Nicht jedes tadelnde Urteil soll strafrechtlich sanktioniert werden. Schließlich gibt es Situationen oder Leistungen, die so katastrophal sind, dass sie mit wohlgewählten Worten nicht mehr angemessen zu erfassen sind. Im Gutachten zu einer extrem schwachen Abschlussarbeit nach 20-semestrigem Studium muss auch gesagt werden dürfen, dass die Leistung „anfängerhaft“ ist. Unzulässig wäre es jedoch, den Kandidaten selbst als „dummen Menschen“ zu qualifizieren.

Die berechtigten Interessen setzen immer voraus, dass der Wahrnehmende bestimmte *anerkannte Rechte* ausübt oder zu verteidigen sucht. Hierzu muss eine Abwägung stattfinden zwischen dem Recht des Kritisierten und den anderen Personen, die durch die Äußerung geschützt werden sollen. Und der Schutz der anderen muss überwiegen.

Im obigen Urteil hat der Lehrer versucht, sein Recht auf persönlich erbrachte Leistungen der Schüler, die er benoten muss, zu schützen. Zugleich hat er versucht, das Recht der anderen Schüler auf eine gerechte Bewertung ihrer Leistungen zu schützen. Die ehrenrührige Behauptung stand folglich in einem engen sachlichen Zusammenhang mit der vermuteten Täuschung.

Vorsicht! Die Form einer Äußerung kann die Äußerung zur Beleidigung machen, eben zur **Formalbeleidigung**. Die liegt immer vor bei nicht durch die Sache gerechtfertigten Schimpfworten. Wenn der Physiklehrer den Schüler nicht als „Lügner“, sondern als „Verbrecher“ bezeichnet hätte, wäre die Äußerung nicht mehr gerechtfertigt gewesen.

Fazit: Selbst harte Worte in der Sache können durch die Wahrnehmung berechtigter Interessen unter Umständen gedeckt sein, nicht jedoch beleidigende Rundumschläge.

Leistungsbewertung

Nun geht es in den Bereich, von dem sich Außenstehende überhaupt nicht vorstellen können, wie viel Sorge er den Lehrern und Lehrerinnen bereitet: die Leistungsbewertung. Wenn Schüler und Eltern die vergebenen Noten akzeptieren würden, gäbe es kaum Probleme. Aber das Leben ist nicht so. Das Selbstbewusstsein der Schüler und ihrer Eltern ist nicht nur erstarkt, es hat sich ganz grundlegend gewandelt: Oft herrscht die Ansicht, die Kinder brauchen den Anweisungen der Lehrkräfte nur zu folgen, wenn es ihnen einleuchtet oder wenn sie Lust dazu haben. Und die Noten der Lehrkräfte sind, wie einige populäre Lehrerhasser verkündet haben, fast immer fehlerhaft, willkürlich oder zumindest verhandelbar.

Mit dieser Einstellung in den Köpfen stehen dem Lehrer heute viele Schüler und ihre selbstbewussten Eltern gegenüber. Letztere sehen sich nicht mehr als Ergänzung der Schule, sondern grundsätzlich als Opposition und parteiische Interessenvertreter ihrer Kinder. Die Eltern, denen es gelingt, der Schule möglichst viele Zugeständnisse abzutrotzen, sind die Lieblinge der Kinder und die Vorbilder anderer Eltern.

Angesichts dieser Situation möchten immer mehr Lehrer wissen, wie sie ihre Benotungen „wasserdicht“ bzw. „gerichtsfest“ machen, um sich unnötigen Ärger zu ersparen. Dabei geht es nicht nur um abendliche Telefonanrufe, sondern auch um Beschwerden, Widerspruchsverfahren oder Klagen vor den Verwaltungsgerichten.

Im folgenden Kapitel werden Sie deshalb erfahren, dass Sie als Lehrkraft häufig mehr Spielraum haben, als die meisten Kollegen annehmen. Um dies zu verdeutlichen, fangen wir mit dem zentralen Urteil zur Leistungsbewertung an. Danach sind nur noch wenige Fragen offen, und große Erleichterung stellt sich ein.

29 Beurteilungsspielraum des Lehrers

Sachverhalt: Vor langer, langer Zeit, als es weder Zentralabitur noch Kurse in der Oberstufe gab, wurde eine Schülerin eines neusprachlichen Mädchengymnasiums (12. Jahrgang) von der zuständigen Klassenkonferenz nicht in die Abschlussklasse versetzt.

Die Schülerin hatte in Englisch und Französisch je eine Fünf, die sie nicht durch gute Leistungen in den naturwissenschaftlichen Fächern ausgleichen konnte. Damit war ihre Nichtversetzung besiegelt, so streng waren damals die Anforderungen.

Dagegen klagte die Schülerin über ihre Eltern vor dem Verwaltungsgericht. Sie wollten die beiden Fünfen *durch einen Sachverständigen* objektiv beurteilen lassen. Außerdem machten sie geltend, gute Leistungen in Mathematik und in den naturwissenschaftlichen Fächern seien von den Lehrkräften aus persönlicher Abneigung gegen ihre Tochter verkannt worden. Überraschend gaben zuerst das Verwaltungsgericht, später das OVG der Klage der Eltern statt. Die damalige Schulbehörde zeigte jedoch Rückgrat und blieb bei ihrer abweichenden Auffassung.

Wegen seiner grundlegenden Bedeutung gelangte der Fall schließlich vor das Bundesverwaltungsgericht. Dieses unterschied zwei Themenkomplexe: die Einforderung der nicht erteilten guten Noten in den mathematisch-naturwissenschaftlichen Fächern und die Überprüfung der beiden Fünfen durch einen Sachverständigen.

Zum ersten Punkt wurde ausgeführt: Die Schülerin könne grundsätzlich ihre Rechte vor Gericht geltend machen, wenn Lehrkräfte aus sachfremden Gründen eine gute Note nicht erteilten. Allerdings habe die Beweiserhebung nichts ergeben, was eine unsachliche Beurteilung durch die Lehrkräfte stütze. Deshalb sei die Klage in diesem Punkt abzulehnen.

Bezüglich der Überprüfung der beiden Fünfen durch einen Sachverständigen gebe es *keinen rechtlichen Ansatzpunkt*. Die Schule bzw. jeder beurteilende Lehrer habe ein Ermessen oder einen **Beurteilungsspielraum**. Das BVerwG leitete diesen wie folgt her: Die Rechtsordnung billige nicht nur *eine* richtige Lösung, sondern unter Umständen auch *mehrere* mögliche. Bei einem Verwaltungsakt wie der Nichtversetzung werde deshalb immer nur geprüft, ob eine Maßnahme rechtmäßig oder rechtswidrig sei. Es gehe nicht um ein Urteil über die beste Entscheidung.

Der Verwaltung ein Ermessen einzuräumen, sei durchaus sinnvoll, um auf unterschiedliche Einzelfälle angemessen reagieren zu können. Die rechtliche Prüfung könne sich deshalb immer nur darauf beschränken, ob der rechtliche *Rahmen* eingehalten sei.

Denn die Beurteilung geistiger Leistungen könne durchaus unterschiedlich ausfallen. Bei Abschlussprüfungen seien deshalb, um größtmögliche Objektivität zu erzeugen, in der Regel mehrere Prüfungsleistungen zu erbringen, die von mehreren Prüfern beurteilt würden. Das sei bei Zeugnisnoten am Schuljahresende nicht notwendig. Der jeweilige Lehrer beobachte den Schüler über einen langen Zeitraum und könne so zu einem ausgeglichenen Urteil kommen. Ein späterer Sachverständiger, der den Schüler gar nicht kennt, müsse deshalb nicht zu demselben Urteil gelangen wie der zuständige Lehrer. Außerdem seien Lehrer nicht verpflichtet, nach den Regeln der Arithmetik eine Gesamtnote zu bilden. Vielmehr könnten sie auch einen *Gesamteindruck* mit berücksichtigen.

Daraus folge aber, dass die Bewertung der Lehrkräfte nicht durch eine anders lautende Bewertung eines Sachverständigen vor Gericht angefochten werden könne.

Das Gericht könne pädagogisch-wissenschaftliche Wertungen lediglich daraufhin überprüfen,

- ob von falschen Tatsachen ausgegangen sei,
- allgemeingültige Bewertungsgrundsätze nicht beachtet wurden oder
- der Lehrer sachfremde Kriterien herangezogen habe.

Nur diese Grenze ziehe die Rechtsordnung. Innerhalb dieses Rahmens bewege sich der Lehrer nach seinem Wissen und Gewissen. Eine rechtliche Nachprüfung der Bewertungen ihrer Lehrkräfte stehe der Schülerin folglich nicht zu.

Entscheidung des BVerwG, Urteil vom 24.04.1959:
Die Richtigkeit einer Zeugnisnote lässt sich mit Rücksicht auf den Beurteilungsspielraum der Schule nicht durch die Beurteilung eines Sachverständigen widerlegen.

Kommentierung: Da ist sie, die Mutter aller Entscheidungen zur Leistungsbewertung! Das ist das zentrale Urteil des Bundesverwaltungsgerichts, das den Lehrern den **Beurteilungsspielraum** zugesteht. Man kann es gar nicht oft genug lesen, so wichtig ist es. Eigentlich müsste es in jedem Lehrerseminar, jedem Lehrerzimmer und in jedem Klassenraum groß und in kalligrafischer Schönschrift an der Wand hängen. Und Schüler und Eltern müssten es beim Schuleintritt in die Hand gedrückt bekommen und auswendig lernen. Das würde allen Beteiligten viel unnötigen Ärger ersparen.

Obwohl uralt, ist dieses Urteil das Fundament aller Urteile zur Leistungsbewertung. Ständig ist es von allen Verwaltungsgerichten seitdem wiederholt worden. Immer wieder findet man Textbausteine daraus in anderen Urteilen. Es ist, wie die Juristen sagen, „ständige Rechtsprechung“, d.h., es ist unbestritten. Aber fragen Sie mal im Kollegenkreis, wer dieses Urteil kennt. Die meisten glauben – und elternfreundliche Schulleiter unterstützen diesen Aberglauben – alle ihre Noten würden notfalls von den Gerichten überprüft. Sie werden es nicht.

Aber Vorsicht! Das heißt nicht, dass ein Lehrer willkürlich bewerten darf, die Bewertung muss grundsätzlich schon nachvollziehbar sein. Sie wird jedoch nicht bis auf die Zehntelstelle hinter dem Komma gerichtlich nachgeprüft.

Das ehrwürdige BVerwG spricht in seinem Urteil vom „Ermessen“, den damals neuen Begriff des „Beurteilungsspielraums“ verwendet es noch mit spitzen Fingern. Gemeint ist jedoch das Gleiche. Der Lehrer hat einen Beurteilungsspielraum, in dem er sich relativ frei bewegen darf.

Er darf nur nicht gegen die drei im Urteil genannten Kriterien verstoßen, die die Grenze seines Spielraums markieren: falsche Tatsachen, Verstoß gegen Bewertungsgrundsätze, sachfremde Erwägungen. Was sich im Detail dahinter verbirgt, ist etwas kompliziert und würde den Rahmen dieses kleinen und preiswerten Büchleins sprengen.

Obwohl das Urteil des BVerwG nach wie vor ständige Rechtsprechung darstellt, gibt es seit einiger Zeit eine klitzekleine Ausnahme. Diese gilt jedoch nur für wichtige Abschlussprüfungen wie z.B. das Abitur. Ich glaube kaum, dass durchschnittliche Lehrkräfte jemals damit konfrontiert werden. Damit ich mir aber nicht vorwerfen muss, sie unterschlagen zu haben, finden Sie das Ausnahmeurteil unter der Nummer 41.

30 Anfechtung einer Einzelnote

Sachverhalt: Eine nur mäßig fleißige Schülerin einer 9. Klasse eines Gymnasiums wurde am Schuljahresende durch Konferenzbeschluss nicht in die 10. Klasse versetzt, weil sie vier Fünfen hatte, darunter eine in Physik. Diese Fünf wurmte sie aus irgendeinem Grund so sehr, dass sie die Physiknote vor Gericht anfocht und erst die Aufhebung der alten Note, danach aber eine Neubewertung durch das Gericht forderte.

Die Klage beim Verwaltungsgericht blieb erfolglos, worauf die Schülerin bzw. ihre Eltern in die Berufung gingen. Allerdings gab das Oberverwaltungsgericht der Klage nicht statt. Es sah die Physiknote *nicht* als gerichtlich anfechtbaren *Verwaltungsakt* an und verneinte außerdem das Rechtsschutzinteresse der Schülerin. Gegen diese Entscheidung ließ das OVG keine Revision zu, da es meinte, die Sache erschöpfend behandelt zu haben.

Hiergegen legten die Kläger Beschwerde ein. Sie machten geltend, ein Schüler habe grundsätzlich Anspruch auf eine gerechte Benotung und damit auch auf eine gerichtliche Überprüfung seiner Noten. So kam die Angelegenheit zum Bundesverwaltungsgericht.

Aber das BVerwG lehnte die Beschwerde ebenfalls ab. Es bezog sich auf die Vorinstanzen und führte noch einmal aus: Ein (anfechtbarer) Verwaltungsakt liege nur vor, wenn das Verwaltungshandeln auf *unmittelbare Rechtswirkung* nach außen gerichtet sei. Dies aber liege bei der streitigen Zeugnisnote nicht vor, da sie keine über den Schulbereich hinausgehende Rechtswirkung besitze und keine Bedeutung für die weitere Schullaufbahn der Klägerin habe.

Auch liege kein konkretes Rechtsschutzbedürfnis vor. Es sei nicht ersichtlich, dass und in welcher Weise die angestrebte Verbesserung der Physiknote die weitere Schullaufbahn der Schülerin günstig beeinflussen könne. Denn die Nichtversetzung hänge nicht von der Physiknote ab. Ein vernünftiger Zweck der Rechtsverfolgung sei somit nicht erkennbar.

Damit sei nicht gesagt, dass Schüler kein Recht auf eine gerechte Beurteilung hätten. Allerdings sei die Überprüfung einer nicht entscheidenden Einzelnote gerichtlich nicht durchzusetzen.

Entscheidung des BVerwG, Beschluss vom 25. 04. 1983:
Die Klage auf Änderung einer einzelnen Zeugnisnote ist unzulässig, wenn die Note für die weitere Schullaufbahn keine Bedeutung hat.

Kommentierung: Ein ähnliches Urteil wie das vorangegangene, aber mit einem etwas anderen Schwerpunkt. Hier haben die Gerichte die Klage abgelehnt, weil sie für die überdeutliche Nichtversetzung (vier Fünfen!) ohne Bedeutung ist. Dieses Argument zieht sich wie ein roter Faden durch viele Verwaltungsgerichtsentscheidungen. Nur ein **Verwaltungsakt** (VA) kann gerichtlich angefochten werden. Und diese isolierte Note ist eben kein VA, obwohl es eine Zeugnisnote ist. Das mag einige Kollegen und Schulleiter erstaunen, aber es ist so. Und was eigentlich ein Verwaltungsakt ist, klären wir gleich.

Spannender als dieses Urteil ist eigentlich die logische juristische Konsequenz daraus. Wenn schon die isolierte (und irrelevante) Zeugnisnote kein VA ist, dann ist es die Note einer einzelnen Klassenarbeit erst recht nicht. Sie haben richtig gelesen, die Note einer normalen schriftlichen Lernkontrolle ist inhaltlich nicht gerichtlich zu überprüfen. Sie ist nämlich kein Verwaltungsakt. Ist das nicht herrlich entspannend?

Schon wegen dieser nicht allgemein bekannten Information könnte sich die Lektüre des Buches für einige Situationen gelohnt haben. Nun kann man wilden Drohungen von Eltern ein mitleidiges Lächeln entgegensetzen.

Anders verhält es sich allerdings, wenn eine Note einen so hohen Stellenwert besitzt, dass *von ihr* das Bestehen einer Prüfung, die Versetzung oder der Zugang zu einem Studium abhängt.

Info: Nun habe ich Sie lange genug auf die Folter gespannt und erkläre Ihnen, was denn ein VA ist. Die ausführliche Definition können Sie im § 35 VwVfG nachlesen, hier kommt die didaktisch gestraffte Fassung für Lehrer: Ein **Verwaltungsakt** liegt immer dann vor, wenn folgende Elemente vorhanden sind:

- Es handet sich um eine *Entscheidung*,
- und zwar eine *erhebliche*,
- mit Rechtswirkung nach *außen*,
- die eine *Behörde*
- in einem *Einzelfall* fällt.

Diese Elemente müssen *alle* vorliegen, damit es einen (anfechtbaren) VA ergibt. Im vorangegangenen Urteil war fast alles da, bis auf die Erheblichkeit der Entscheidung. Denn da die Fünf in Physik für die Nichtversetzung keine Rolle spielt, ist sie nicht erheblich. Also ist es kein Verwaltungsakt, also kann man nicht dagegen klagen. So einfach ist das.

Falls aus Versehen irgendwelche Schüler oder Eltern das Buch in die Finger bekommen, sei ihnen erklärt: Die Verwaltungsgerichte sind so hoffnungslos überlastet, dass sie sich nur mit Entscheidungen beschäftigen wollen, die die Kläger tatsächlich (und nicht nur gefühlt) in ihren Rechten beeinträchtigen. Vielleicht klingt es herzlos, aber ob ein Schüler mit drei oder vier Fünfen sitzenbleibt, spielt für das nächste Schuljahr nun wirklich keine Rolle.

31 Notenänderung durch den Schulleiter

Sachverhalt: Eine Realschullehrerin ließ in einer 6. Klasse, in der sie fachfremd Biologie unterrichtete, eine Klassenarbeit schreiben. Thema war die bemerkenswerte geschlechtliche und ungeschlechtliche Vermehrung der Tulpe. Die Aufgabenstellung wurde von der Kollegin nicht an die Tafel geschrieben, sondern mündlich diktiert und von den Schülern ins Heft geschrieben, danach folgte die Bearbeitung.

Zwei Mädchen, die eng befreundet waren und auch in der Arbeit nebeneinandersaßen, verwechselten die Begriffe geschlechtlich und ungeschlechtlich. Daraufhin wurden die Arbeiten mit Sechs bewertet, obwohl jede Arbeit ansonsten keine wesentlichen Fehler aufwies. Unter der Arbeit stand als Begründung der Note: „H. (bzw. M.), bitte pass auf, Du hast die Begriffe verwechselt – wie M. (bzw. H.)."

Die Väter der Schülerinnen beschwerten sich beim Schulleiter, der sich die Arbeiten anschaute und danach die Kollegin zu einem Vier-Augen-Gespräch bat. Die Kollegin räumte ein, die Arbeiten wären ohne diese Begriffsverwechslung mindestens gut gewesen. Die übrigen Leistungen der beiden Schülerinnen in Biologie waren während des Halbjahres ebenfalls durchgängig gut.

Der Schulleiter empfahl der Kollegin, die Note abzuändern, was diese jedoch verweigerte. Die Lehrerin bestand auf den Sechsen, um die Schülerinnen „zum genauen Hinhören zu erziehen". Der Schulleiter argumentierte, dass die Note mit dieser Begründung nicht haltbar sei und wies die Kollegin nun an, die Note zu verbessern. Die Lehrerin weigerte sich erneut, worauf jetzt der Schulleiter persönlich für die beiden Arbeiten jeweils eine Drei festsetzte.

Dagegen wandte sich die Lehrerin zunächst mit einem Widerspruch, weil sie meinte, der Schulleiter habe nicht das Recht, die Note zu ändern. Der Widerspruch wurde abgelehnt und die Sache ging vor Gericht. Die Kollegin beantragte festzustellen, die Anweisung zur Notenänderung bzw. die Festsetzung der neuen Note sei rechtswidrig. Der Eingriff in ihre Notengebung sei ein erheblicher Makel für sie, darum habe sie ein **Feststellungsinteresse** zur Klärung der Angelegenheit. Der Schulleiter habe widerrechtlich in ihre pädagogische Freiheit eingegriffen. Außerdem sei es zulässig, bei Vorliegen eines Täuschungsversuchs die Note 6 zu erteilen.

Auch das Verwaltungsgericht gab dem Schulleiter recht. Das Argument des Täuschungsversuchs, das vorher nicht erwähnt wurde, sei nachgeschoben und nicht haltbar. Die unterschiedlichen textlichen Ausgestaltungen sprächen nicht für eine Täuschung, sondern für einen gemeinsamen Irrtum. Vor allem sei das Hauptargument der Lehrerin für die schlechte Note leistungsfremd. Es sei nicht zulässig, aus erzieherischen Gründen („genaues Hinhören") eine schlechte Note zu erteilen.

Der Kollegin reichte auch dieses Urteil nicht und ging in den Instanzen weiter nach oben, bis sie beim Verwaltungsgerichtshof ankam. Aber auch dieser kam zu keinem grundsätzlich anderen Ergebnis. Allerdings machte der VGH einige Ergänzungen. Die Note einer einzelnen Klassenarbeit sei kein Verwaltungsakt, deshalb entfalte die durch den Schulleiter festgesetzte Note auch gegenüber der Lehrerin keine Außenwirkung, sondern berühre nur das innere Dienstverhältnis. Aber auch im Dienstverhältnis sei in diesem Einzelfall die Notenfestsetzung nicht zu beanstanden. Zwar genieße der Lehrer einen pädagogischen Freiraum, aber nicht um seiner selbst willen, sondern um Schüler angemessen zu beurteilen.

Der Schulleiter hingegen sei für die Einhaltung einer leistungsgerechten Notengebung an der Schule verantwortlich. Die ungenügende Leistung sei durch eine Verordnung relativ klar definiert (lückenhafte Grundkenntnisse, Mängel kaum behebbar). Das liege hier aber objektiv nicht vor.

Der Schulleiter besitze folglich das Recht, die Lehrerin anzuweisen, eine Note, die offensichtlich nach leistungsfremden Gesichtspunkten gegeben wurde, abzuändern. Komme die Lehrkraft dieser Anweisung nicht nach, so habe der Schulleiter im Zuge des **Selbsteintritts** die Möglichkeit, persönlich die neue Note festzusetzen.

Entscheidung des VGH Bad-Wü, Beschluss vom 27.01.1988:
Im Einzelfall kann der Schulleiter im Rahmen seiner Verantwortlichkeit dem Lehrer eine Weisung für die Benotung einer Klassenarbeit erteilen.

Kommentierung: Ein Grenzfall, den ich genau aus diesem Grunde ausgesucht habe. Denn wenn ein Lehrer nach vernünftigen Gesichtspunkten bewertet, kann der Schulleiter nicht einfach dessen Note ersetzen. Dafür ist in der Regel nur die Schulaufsichtsbehörde zuständig. Den Ausnahmecharakter bemerkt man schon am Urteilstenor des VGH, wenn darauf hingewiesen wird, der Schulleiter habe „im Einzelfall" die Befugnis, die Note zu ändern. Mit anderen Worten: Generell hat er die Befugnis zur Notenänderung nicht.

Hier jedoch lag der Fall anders, weil eine der Grenzen des Beurteilungsspielraums überschritten wurde (siehe Urteil 29). Die Note darf nicht durch sachfremde Erwägungen geprägt sein, hier auch „leistungsfremde" Gesichtspunkte genannt.

Da wir unter uns sind, können wir ja ganz offen miteinander reden. Das Diktieren einer Aufgabenstellung mit Begriffen, die leicht verwechselt werden können, ist nicht sonderlich professionell. Ein Tafelanschrieb hätte das Problem vielleicht schon vermieden.

Dass die Kollegin erst vor dem Verwaltungsgericht von einer möglichen Täuschung spricht – vermutlich ein verzweifelter Rettungsversuch ihres Anwalts –, überzeugt ebenfalls nicht. Selbstverständlich sollen Schüler genau arbeiten, genau hinsehen oder genau zuhören. Niemand, auch der Schulleiter nicht, hat von der Kollegin verlangt, die Begriffsverwechslung zu ignorieren und so zu tun, als sei kein Fehler gemacht worden. Aber aus dem Fall wird jedem klar, dass die Note ausschließlich Strafcharakter haben sollte, weil die Mädchen der Stimme der Herrin nicht andächtig genug gelauscht hatten.

Die Kollegin wollte nicht nur eine Herabstufung auf eine Drei, sie wollte gleich mit dem großen Hammer zuschlagen. Und wer dann noch über das

Verwaltungsgericht hinaus beratungsresistent bleibt, der hat entweder einen Berufsanfänger als Anwalt, oder ihm ist ganz einfach nicht mehr zu helfen.

P.S.: Beamtenrechtlich interessant: Die Kollegin wurde nach dem Verfahren an eine andere Schule versetzt.

32 Note 6 bei Leistungsverweigerung

Sachverhalt: Der Schüler einer 10. Klasse einer Realschule hatte das Fach Philosophie gewählt und sich darunter offenbar ein eher meditatives Fach vorgestellt. Mit der großen Frage im Inneren: „Wozu dies alles?", ging er an ein von ihm zu haltendes Referat heran. Angesichts der Ungewissheit des Seins entschied er sich jedoch ohne Angabe von Gründen, das Referat ausfallen zu lassen. Folglich erschien er erst gar nicht zum Unterricht, sondern blieb in seiner Tonne. Unangenehm überrascht war er allerdings, als sein sonst so verständnisvoller Philosophielehrer ihm für das vorenthaltene Referat die Note 6 (ungenügend) gab. Der Lehrer war nämlich der Ansicht, der Schüler habe dieses Versäumnis selbst zu verantworten. Nach Auffassung der Schule entsprach diese Nichtleistung der Note „ungenügend". Die Philosophienote verschlechterte sich daraufhin insgesamt auf eine Fünf, leider nicht seine einzige, sodass ihm der erfolgreiche Realschulabschluss versagt wurde.

Dagegen wandte sich der Schüler, weil er sich durch die schlechte Note zu Unrecht bestraft fühlte. Das Verwaltungsgericht gab seiner Klage statt und wollte die Schule verpflichten, über die Philosophienote erneut zu entscheiden. Es meinte, die Leistung des Schülers in Bezug auf das Referat sei *nicht zu beurteilen*, was man aber nicht mit einer Sechs gleichsetzen könne. Die Grundsätze für eine Beurteilung in solchen Fällen seien unklar geregelt, denn für den Fall der Leistungsverweigerung fehlten konkrete Bewertungsgrundsätze. Diese müsse der Kultusminister erst festlegen.

Die Schule ging jedoch in die Berufung vor das Oberverwaltungsgericht, und da sah es anders aus. Das OVG gab der Schule recht. Die erlassene Richtlinie sah die Möglichkeit vor, eine Sechs ebenfalls dann zu erteilen, wenn eine Leistung nicht erbracht werde und dies vom Schüler selbst zu vertreten sei. Diese Vorgabe, so das OVG, sei nicht unbedingt ausfüllungsbedürftig. Der Kultusminister könne sie präzisieren, müsse es aber nicht. Schließlich habe der Lehrer ein pädagogisches Ermessen, welches ihm erlaube, auch die niedrigste Note zu vergeben, falls der Schüler die Leistung verweigere. Eine nicht beurteilbare Leistung bzw. eine fehlende Beurteilung, die auf Leistungsverweigerung beruhe, könne deshalb mit einer Sechs gleichgesetzt werden.

Zu dem vom Schüler behaupteten Strafcharakter der schlechten Note führte das OVG aus: Die angefochtene schlechte Note sei keine Bestrafung, sondern lediglich die Feststellung der erbrachten (bzw. nicht erbrachten) Leistung und damit rechtlich zulässig.

Entscheidung des OVG Lüneburg, Urteil vom 04.04.1984:
Die Vorgabe des Kultusministeriums, bei Leistungsverweigerung die niedrigste Note zu erteilen, ist zulässig.

Kommentierung: Dieses Problem macht vielen Lehrern, vor allem Sport- und Kunstkollegen, zu schaffen. Wie soll man nicht erbrachte Leistungen benoten? Die Lösung ist recht einfach: Wenn die Nichtleistung vom Schüler direkt oder indirekt *verschuldet* ist („vergessen", „keine Zeit", „Drucker kaputt"), handelt es sich um eine offene oder versteckte Leistungsverweigerung, auf die der Lehrer mit einer Sechs reagieren kann.

Bitte denken Sie noch einmal an die „Stufen der Schuld" (siehe S. 53). Auch die leichte Fahrlässigkeit („vergessen") ist schuldhaftes Handeln, das man dem Betreffenden vorwerfen kann. Da ich in meinen Seminaren an dieser Stelle immer ungläubige Gesichter sehe, liefere ich noch einmal die juristische Definition der Fahrlässigkeit: *„Fahrlässig handelt, wer die erforderliche Sorgfalt außer acht lässt"* (§ 276 II BGB). Und wer erst am Abend vor dem Referat feststellt, dass sein Drucker defekt ist, der handelt eben nicht sorgfältig und damit fahrlässig und damit schuldhaft.

1. Tipp: Der überraschend ausgefallene Drucker ist mittlerweile genauso häufig wie der Fahrradreifen, der plötzlich die Luft verloren hat und so das rechtzeitige Erscheinen zum Unterricht verhindert. Offensichtlich liefern alle Druckerhersteller die gesamte Montagsproduktion gezielt an deutsche Schüler, sodass diese sich freuen müssen, falls ihr Drucker zufällig einmal funktioniert. Gleiches gilt wohl auch für Computer. Diese sind anscheinend so programmiert, dass die Zwischenspeicherung von Daten unmöglich ist und der letzte Tastendruck eines Referats oder einer Facharbeit sie zum Absturz bringt.

Obwohl Schüler den Anschein erwecken wollen, ist ein ausgefallener Drucker keine „höhere Gewalt" wie ein Hausbrand, ein Erdbeben oder ein Wirbelsturm. Er liegt im Einwirkungs- und damit Verantwortungsbereich des Schülers. Und in der Regel geht der Funktionsstörung des Druckers eine Fehlbedienung voraus. Auch Druckerpatronen geben nicht ohne Vorwarnung ihren Geist auf. Und wer es versäumt, rechtzeitig eine neue zu besorgen, der handelt schuldhaft, und zwar fahrlässig. Und wer während einer wichtigen Arbeit diese zwischendurch nicht durch den simplen Druck zweier Tasten sichert (Strg + S), der handelt fahrlässig.

2. Tipp: Natürlich kann im Einzelfall ein Drucker auch einmal überraschend seinen Dienst verweigern. Es ist sehr selten, aber es kann passieren. Deshalb empfiehlt es sich, das ausgedruckte Referat schon einige Tage vorher einzufordern. Das heißt, es muss z.B. drei Tage vor dem eigentlichen Termin der Präsentation fix und fertig sein. Ein solcher Arbeitsauftrag ist nicht nur rechtlich zulässig, sondern auch erzieherisch sinnvoll. Falls nun der Drucker tatsächlich ausfällt, muss der Schüler die fertig gesetzte Datei in elektronischer Form mitbringen und man kann sie an einem Schuldrucker ausdrucken oder zumindest begutachten. Ein so knackiges Vorgehen vonseiten des Lehrers ist allerdings nur überzeugend, wenn der Lehrer ebenfalls seine Termine einhält.

Aber zurück zu nicht erbrachten Leistungen. Mit Verweigerung einer Leistung ist nicht zwingend gemeint, dass der Schüler sich verbal dagegen auflehnen muss. Auch das lächelnde Nichterfüllen eines Arbeitsauftrags mit einer wachsweichen Entschuldigung ist letztlich eine kaschierte Verweigerung.

Variante: Etwas anderes wäre es, wenn der Schüler aufgrund einer Krankheit das Referat nicht hätte halten können. Dann wäre das Nichterbringen der Leistung zu diesem Termin nicht von ihm zu vertreten gewesen. Natürlich weiß ich genauso gut wie Sie, dass die Hälfte der uns vorgelegten Entschuldigungen bzw. Krankmeldungen nicht das Papier wert sind, auf dem sie geschrieben sind. Aber damit müssen wir leben, wenn wir nicht ständig den Amtsarzt einschalten wollen. Unabhängig davon geht es für die Schüler vor allem darum, bestimmte Regeln einzuhalten. Ein kleiner Trost für Sie: Diese Krankmeldungen bzw. Entschuldigungen müssen vom Schüler erstens unaufgefordert (Bringschuld) und zweitens *unverzüglich* vorgelegt werden.

33 Randbemerkungen bei schriftlichen Arbeiten

Sachverhalt: Es war einmal ein Lehramtskandidat der Bildenden Kunst, der seine schriftliche Hausarbeit über das Thema „Gemeinschaftsarbeiten im Fach Kunst" verfasste. Die Arbeit befasste sich natürlich auch mit Kunst, lieferte davon abgesehen aber auch einen politischen Rundumschlag gegen das herrschende System (Tenor: Bundeswehr = Menschenschlächter usw.). Auch die Einstellung der Schule zur Kunst kam nicht ungeschoren davon (Zitat: „die über unverbindlich schöngeistigen Phrasenkladderadatsch nie hinausführende Musische Erziehung").

Der Erstgutachter rügte zwar in einigen Punkten die Arbeit („Zynismus", „Vorurteile"), bewertete die Arbeit aber mit Drei, der Zweitgutachter war nicht so wohlwollend. Er beurteilte die Arbeit mit Vier bis Fünf und bescheinigte ihr allenfalls ideologische Stringenz. Die fast durchgängig schlechte Bewertung würzte er mit bissiger Kritik („penetrant besserwissend"). Da die beiden Gutachten deutlich voneinander abwichen, erstellte die Schulbehörde eine weitere Bewertung. Diese stützte sich vor allem auf das Zweitgutachten, prangerte gleichfalls Beleidigungen und Zynismus an und kam ebenfalls zu einem negativen Ergebnis, weshalb der Kandidat nicht bestand.

Dagegen legte dieser Widerspruch ein, weil er meinte, zwei der Gutachter seien befangen. Er forderte deshalb, die Arbeit einem weiteren unbefangenen Korrektor vorzulegen. Er behauptete, der Zweitgutachter sei ihm gegenüber voreingenommen, weil er früher einmal als Student ein kritisches Flugblatt mit dem Thema „Die Unfehlbarkeit der Kunstpäpste" verfasst habe.

Das Prüfungsamt wies den Widerspruch zurück, worauf der Kandidat vor dem Verwaltungsgericht klagte. Er führte weiter aus, der Zweitgutachter habe ihn nicht bewertet, sondern vor allem beleidigt. Als Beweis für dessen Befangenheit zitierte er Anmerkungen wie „besserwisserische Selbstbespiege lung" oder „unfreiwillige Parodie". Auch das dritte Gutachten sei wertlos, da es nicht nur formal fehlerhaft, sondern vorrangig durch politische Interpretationen statt von wissenschaftlichen Aspekten gekennzeichnet sei.

Aber auch mit der Klage war ihm kein Erfolg beschieden. Das Gericht lehnte eine weitere Bewertung mit der Begründung ab, den Gutachtern stehe ein Beurteilungsspielraum zu. Dieser Spielraum wäre nur überschritten, falls sachfremde Erwägungen in die Beurteilung mit eingeflossen seien. Dies aber sei hier nicht der Fall. Dass der Drittgutachter der Schulbehörde nicht das erste Gutachten (Note 3) einbeziehe, sei nicht zu beanstanden, denn auch er besitze einen Beurteilungsspielraum.

Zu den beiden abwertenden Gutachten führte das Gericht aus: Entscheidend sei nicht die subjektive Auffassung des Kandidaten, Zweit- und Drittprüfer seien befangen, sondern eine objektive Würdigung der Umstände. Nach diesen sei eine Befangenheit nicht festzustellen. Das eigene provozierende Verhalten (Verteilen des Flugblattes) könne den Vorwurf der Befangenheit gegen die Prüfer nicht begründen. Außerdem liege dieser Vorfall lange vor der besagten Prüfung.

Das Zweitgutachten selbst enthalte zwar deutliche, manchmal auch polemische Worte, es zeige aber insgesamt Gelassenheit und *emotionale Distanz*. Harte Bemerkungen wie „Unsinn" für abwegige Äußerungen oder „Phrasen" für inhaltsleere Ausführungen änderten in einer schriftlichen Prüfung nichts daran. Dies gelte selbst für gelegentliche Ausrutscher.

Der Kandidat ging darauf zuerst in die Berufung, dann in die Revision, bis er endlich beim Verwaltungsgerichtshof seines Bundeslandes ankam. Auch hier unterlag er jedoch. Der VGH schloss sich ohne nennenswerte Abweichungen den Urteilen der Vorinstanzen an.

Entscheidung des VGH Bad-Wü, Beschluss vom 31.01.1986:
Harte Randbemerkungen bei der Korrektur lassen nicht ohne Weiteres auf eine Befangenheit schließen.

Kommentierung: Hätten Sie gedacht, dass der Zweitgutachter trotz seiner bissigen Bemerkungen vor Gericht ungeschoren davonkommt? Den entscheidenden Punkt des Urteils erkläre ich gleich. Bevor es zur Kommentierung des Urteils geht, ist zunächst eine Unterscheidung ganz wichtig: Das Urteil gilt nur für Randbemerkungen an *schriftlichen* Arbeiten.

Anders, und zwar wesentlich strenger, wäre es bei einer mündlichen Prüfung, in der polemische Äußerungen den Kandidaten verunsichern und zu einer Verschlechterung seiner Leistung führen könnten. Bei der nachträglichen Bewertung einer bereits erbrachten schriftlichen Leistung ist das jedoch nicht zu befürchten. Deshalb darf dabei am Rand oder im anschließenden Gutachten härter ausgeteilt werden. Außerdem ist bei dem Urteil zu berücksichtigen, dass es um die Kritik an einem Erwachsenen geht. Je jünger die Schüler sind, desto einfühlsamer sollte die Kritik sein. Für die Oberstufenlehrer unter Ihnen ist es aber gut zu wissen, dass man auch einmal hart kritisieren darf, wenn es dafür einen Grund gibt.

Was die Gerichte beim kritischen Zweitgutachter positiv gewürdigt haben, ist sein *kontrollierter* Zorn. Das würden sie nie so klar sagen, sie sprechen deshalb etwas verklausuliert von „emotionaler Distanz", aber genau das ist der entscheidende Punkt. Befangenheit wird immer dann angenommen, wenn der Gutachter seiner Verärgerung über schwache Leistungen freien Lauf lässt und die negativen Emotionen ungebremst mit dem Prüfer durchgehen. Hier war der Gutachter über die politische Sülze hochgradig verärgert, aber er ließ seinen Unmut nur an einigen Stellen durchblitzen und schaffte es insgesamt, andere Teile, so gut es ging, sachlich zu bewerten.

Fazit: Einfühlsame Kollegen dürfen natürlich selbst die schwächsten Leistungen noch pädagogisch weich verpacken, um das Selbstwertgefühl der Schüler nicht zu beeinträchtigen („Schade, Sie haben das Thema fast getroffen", „Prima, du hast schon zwei Sätze ohne Fehler"). Aber bei abgrundtief schlechten schriftlichen Leistungen brauchen Sie nicht mit Ihrem kontrollierten Unmut hinter dem Berg zu halten, sondern dürfen Unfug und Phrasen durchaus ungeschminkt beim Namen nennen.

34 Kritische mündliche Lehreräußerungen

Sachverhalt: Ein Schüler einer Technischen Oberschule war im Begriff, seine Abschlussprüfung abzulegen. Ein wichtiger Teil dieser Prüfung war eine mündliche Prüfung in Englisch, die er aber nicht bestand, weil sie mit einer schlechten Fünf bewertet wurde. Als Folge davon bestand er die gesamte Abschlussprüfung nicht.

Er legte Widerspruch ein, weil er meinte, die Fachlehrerin für Englisch sei ihm gegenüber befangen, und dies bereits seit zwei Jahren. Der Fachprüfungsausschuss trat noch einmal zusammen, überprüfte die Note, kam aber zu keinem anderen Ergebnis und stellte fest, das Verfahren sei absolut korrekt abgelaufen.

Daraufhin klagte der Schüler vor dem Verwaltungsgericht und führte zur Begründung aus: Die Befangenheit der Lehrerin habe sich dadurch gezeigt, dass sie etwa drei Monate vor der besagten Prüfung gesagt habe: „Treten Sie das Abitur erst gar nicht an! Sie schaffen's sowieso nicht!“

Das VG lehnte die Klage ab, weil der Schüler die behauptete Befangenheit nicht *vor* der mündlichen Prüfung geltend gemacht habe, sondern erst danach. Da er sich rügelos der Prüfung gestellt habe, könne er eine lange davor angenommene Befangenheit jetzt nicht mehr überzeugend geltend machen. Zudem seien Äußerungen im normalen Unterricht, der lockerer als eine Prüfung sei, nicht mit den strengen Maßstäben des Prüfungsrechts zu messen. Problematisch sei auch die Beurteilung von isolierten und damit manchmal aus dem Zusammenhang gerissenen Äußerungen von Lehrern.

Deshalb bleibe nur die Frage, ob in der Prüfung selbst eine Befangenheit deutlich geworden sei. Auch dies sei aber nicht erkennbar. Zwar sei die Äußerung „Sie schaffen's nicht“ pädagogisch fragwürdig, für die eigentliche Prüfung sei sie indes unergiebig. Zudem sei sie bei dem damaligen schlechten Leistungsstand des Schülers sachlich durchaus gerechtfertigt gewesen.

Der Schüler ging in die Berufung und trug ergänzend vor: Seine Leistung in der mündlichen Prüfung sei besser gewesen. Die Vorinstanz habe nämlich seine schriftlichen Randbemerkungen zur Aufgabenstellung nicht zur Kenntnis genommen und habe auch nicht, wie von ihm gewünscht, einen Sachverständigen zur nachträglichen Überprüfung eingeschaltet. Zudem habe die Lehrerin in der Prüfung seine Antworten mit Gestik und Mimik brüsk abgelehnt und habe ihrem Unmut freien Lauf gelassen. Dieses abweisende Verhalten sei ein klarer Beleg für ihre Befangenheit.

Auch dem folgte das Berufungsgericht nicht. Grundlage für die Note der mündlichen Prüfung sei nur das, was *mündlich vorgetragen* werde und nicht das, was auf dem Aufgabenzettel stehe. Die Notizen seien deshalb unerheblich und bedürften keiner Überprüfung durch einen Sachverständigen. Es sei auch zweifelhaft, ob eine bestimmte Mimik und Gestik schon ein Verstoß gegen das Gebot der Sachlichkeit sei. Sogar kritische Reaktionen des Prüfers verletzten nicht das Gebot der Sachlichkeit und Fairness, solange sie der Qualität angemessen sind. Vielleicht habe der Gesichtsausdruck auch mit der erstaunlich schlechten Leistung zusammengehangen. Schließlich habe der Kandidat vier von acht Teilaufgaben gar nicht bearbeitet.

Da zudem der Prüfungsvorsitzende nicht interveniert habe, sei davon auszugehen, dass die Prüfung korrekt verlaufen sei.

Entscheidung des VGH Bad-Wü, Beschluss vom 20.09.1994:
Auch sehr kritische Lehreräußerungen zu Schülerleistungen rechtfertigen nicht ohne Weiteres die Annahme einer Voreingenommenheit.

Kommentierung: Ging es im vorigen Urteil um die Kommentierung von schriftlichen Leistungen, so geht es hier um den deutlich sensibleren Bereich der mündlichen Prüfung. Hätte die Lehrerin ihre negative Prognose („Sie schaffen's nicht!") *kurz vor* der mündlichen Prüfung gemacht, sähe die Sache ganz anders aus. Man hätte ihr dann eine (bewusste?) Verunsicherung des Schülers zur Last legen können. Die Besorgnis der **Befangenheit** wäre dann begründet gewesen, und der Schüler hätte darauf höchstwahrscheinlich einen anderen Prüfer erhalten. Ob das aber ein anderes Ergebnis erbracht hätte, wage ich zu bezweifeln.

Da schwache Schüler dies auch ahnen, rügen sie die „Befangenheit" ja auch nicht vor oder während der Prüfung. Erst hinterher wird das schlechte Ergebnis als Beleg für die Vermutung der Befangenheit der Lehrkraft genommen. Auf diese Weise produziert man in Schülerkreisen nachträglich einen plausiblen Grund für das eigene Versagen.

Vielleicht ist Ihnen aufgefallen, dass das Gericht sich das eine Mal den Aufgabenzettel ansah (nur vier von acht Aufgaben bearbeitet), das andere Mal aber nicht (schriftliche Notizen zu den Aufgabenstellungen). Das ist nicht widersprüchlich, sondern hängt mit dem Beurteilungsspielraum der Prüfer zusammen. Das Gericht überprüft lediglich dessen Grenzen, aber nicht den inhaltlichen Gehalt etwaiger schriftlicher Notizen eines Kandidaten. In unserem Fall konnte man, ohne in eine inhaltliche Überprüfung einzusteigen, feststellen, dass zu vier Aufgaben überhaupt keine Anmerkungen vorhanden waren. Das Gericht überprüft also, wie ich es nenne, den *äußeren Rahmen* der Prüfung, aber nicht mehr.

Der Grund dafür liegt in dem prinzipiellen Vertrauen, das die Gerichte den Prüfern entgegenbringen. Die von Schülern immer wieder vermutete Verschwörung aller Prüfer gegen den Kandidaten wird von den Gerichten somit nicht geteilt. Man geht grundsätzlich davon aus, dass die beamteten Lehrkräfte ihren Dienst ordentlich und objektiv versehen. Und man geht weiter davon aus, dass durch drei unterschiedliche Lehrkräfte eine faire Prüfung gewährleistet wird.

Weil das Gericht alle diese Dinge zugunsten der Prüfungskommission unterstellt, ist das obligatorische Protokoll so wichtig. Dieses und nicht die subjektiven Eindrücke des Prüfling ist die Grundlage für die gerichtliche Überprüfung des Rahmens von mündlichen Prüfungen. Pauschal kann man sagen: Was dort nicht geschrieben steht, existiert für das Gericht nicht.

35 Notenbildung für das gesamte Schuljahr

Sachverhalt: Zum Schuljahresende bekam eine Grundschülerin (2. Klasse) eine Sechs in Mathematik. Da die Versetzungsordnung die Nichtversetzung entweder bei zwei Fünfen oder einer Sechs (in Hauptfächern) vorsah, wurde sie nicht versetzt.

Hiergegen legten ihre Eltern Widerspruch ein, worauf die Klassenkonferenz als Versetzungskonferenz noch einmal zusammentrat und die verwaltungsrechtliche **Abhilfeprüfung** vollzog. In ihr wurden die Noten der Schülerin noch einmal überprüft. Man kam aber zu keinem anderen Ergebnis, sodass der Widerspruch zurückgewiesen wurde.

Dagegen klagte die Schülerin über ihre Eltern vor dem Verwaltungsgericht. Sie behauptete, der Lehrer habe noch kurz vor dem Jahresschluss gesagt, sie stehe in Mathe „nicht so schlecht". Diese Behauptung unterstützte sie mit einer **eidesstattlichen Versicherung**. Der Mathematiklehrer bestritt die ihm zugeschriebene Äußerung und gab diesbezüglich vor dem Prozess ebenfalls eine eidesstattliche Versicherung ab.

Das Gericht schaute sich die Notenübersicht des Mathematiklehrers an und stellte dabei fest, dass er offensichtlich nur die Leistungen des zweiten Schulhalbjahres bewertet hatte. Trotzdem wies das VG die Klage zurück, weil die Versetzungskonferenz unabhängig von der Mathematiknote die Prognose erstellt hatte, die Schülerin könne in der nächsten Klasse nicht erfolgreich mitarbeiten.

Daraufhin gingen die Eltern in die Berufung. Das Berufungsgericht gab letztlich der Klage ebenfalls nicht statt, allerdings mit einer differenzierenden Begründung. Die Richter stellten fest, die Prognoseentscheidung habe nicht losgelöst von den Noten erfolgen dürfen. Außerdem müsse die Prognose auch immer die *Leistungen der Vergangenheit* angemessen berücksichtigen. Deswegen sei es nicht zulässig, nur die Noten des zweiten Halbjahres für die

Notenbildung heranzuziehen. Das zweite Halbjahr dürfe zwar leicht überwiegen, es sei aber stets eine Note für die Leistungen des gesamten Jahres zu ermitteln.

Trotz dieses Mangels wurde die Nichtversetzung vom Gericht bestätigt, und zwar aus folgendem Grund: Nahm man die Noten des ersten Halbjahres mit dazu, so ergab sich eine schriftliche Note von 5,0. Da Lernzielkontrollen und die mündliche Leistung der Schülerin mit 6 bewertet waren, ergab sich eine rechnerische Gesamtnote von 5,5.

Diese, so das Gericht, müsse nun auf- bzw. abgerundet werden. Da eine Vorschrift fehle, wie in solchen Fällen zu runden sei, sei nicht nur eine fachliche, sondern auch eine pädagogische Gesamtwertung zulässig.

Da die Schülerin im ersten Halbjahr eine Fünf auf dem Zeugnis gehabt und sich darüber hinaus im zweiten Halbjahr verschlechtert habe, sei eine Sechs als Gesamtnote gerechtfertigt. Es sei nicht zu beanstanden, wenn in solchen Fällen zur nächstniedrigen Notenstufe abgerundet werde. Die Entwicklung der Noten lasse die Prognose zu, die Schülerin könne im nächsten Jahr nicht mehr erfolgreich mitarbeiten.

Die Behauptung, der Lehrer habe gesagt, sie stehe in Mathematik „nicht so schlecht", könne nicht glaubhaft gemacht werden. Auch eine eidesstattliche Versicherung darüber reiche nicht aus. Zum einen habe die eidesstattliche Versicherung des Lehrers einen gleichrangigen Beweiswert, zum anderen gebe es keine schriftliche Zusicherung des Lehrers. Diese allein wäre beweiswirksam. Auch die zwischenzeitlichen Schulberichte und die Warnung zum Halbjahr (Gefahr der Nichtversetzung) zeigten, dass der Lehrer die Leistungen durchgängig schlecht beurteilt habe.

Entscheidung des VGH Bad-Wü, Beschluss vom 10.10.1991:
Die Noten für die Versetzung sind nach den Leistungen im gesamten Schuljahr und nicht nur nach denen im zweiten Schulhalbjahr zu bilden.

Kommentierung: Der Kollege hat Glück gehabt, weil die mündliche Leistung der Schülerin offensichtlich ungenügend war. Nur so ließ sich eine Sechs als Gesamtnote gerade noch rechtfertigen.

Ebenso wichtig wie die Bestätigung der Nichtversetzung ist die Feststellung des Gerichts, am Schuljahresende grundsätzlich Ganzjahresnoten zu vergeben und nicht Noten ausschließlich für das zweite Schulhalbjahr. Diese Tatsache dürfte vor allem den Saisonarbeitern unter den Schülern missfallen. Denn sie setzen darauf, dass der Lehrer sich vor allem an die Leistungen erinnert, die in letzter Zeit erbracht worden sind. Zwar darf das zweite Halbjahr etwas stärker gewichtet werden, um die Entwicklung der Note zu berücksichtigen, es darf aber nicht deutlich überwiegen.

Interessant ist auch die Feststellung des Gerichts, dass es im pädagogischen Ermessen der Lehrkraft liegt, ob aus pädagogischen Gründen auf- oder abgerundet wird. Der Forderung mancher Schüler (und ihrer Eltern), der Lehrer müsse bis auf die dritte Stelle hinter dem Komma rechnen, im Zweifelsfall aber immer zugunsten des Schülers runden, entbehrt der juristischen und pädagogischen Fundierung. Die Notenbildung muss zwar alle erbrachten Leistungen angemessen berücksichtigen, es dürfen und sollen aber auch pädagogische Überlegungen in die Notenbildung mit einfließen.

Auch eine rechnerische Note von 4,4 kann zu einer Fünf am Jahresende werden, *wenn es dafür sachliche Gründe gibt*. Diese können sein: eine nach unten weisende Entwicklung, häufig nicht gemachte Hausaufgaben, schlampige und fehlerhafte Berichtigungen, schwache Ergebnisse bei Lernkontrollen, unsorgfältige oder unvollständige Heftführung, eine unterdurchschnittliche Arbeitshaltung. Falls diese Teilleistungen über das Jahr hinweg keine Verbesserung oder vermehrte Anstrengungsbereitschaft erkennen lassen, können sie eine negative Prognose für das nächste Schuljahr begründen.

Aber nun zu einem anderen Punkt: Was ist eine **eidesstattliche Versicherung**, und was bewirkt sie? In den Medien taucht der Begriff häufig auf, wenn z. B. ein prominenter Sportler eine eidesstattliche Versicherung darüber abgibt, nicht gedopt zu haben, oder ein hochrangiger Konzernchef an Eides statt versichert, er habe keine Gelder hinterzogen.

Eine **eidestattliche Versicherung** ist ein Mittel zur Glaubhaftmachung einer Behauptung oder Erklärung. Die Formulierung „an Eides statt" lässt viele Menschen glauben, es sei eine andere Form des Eides. Das ist falsch. Denn das „statt" ist nicht im Sinne von „gleich" zu verstehen. Im Verhältnis zum „echten" Eid ist sie eine deutlich schwächere Form der Bekräftigung. Was kann sie? Wenn sie im Rahmen eines Prozesses abgegeben wird und der Richter sie akzeptiert, kann sie etwas „überwiegend wahrscheinlich" machen. Das ist mehr als nichts, aber auch nicht so sehr viel. Sie ist an keine besondere Form gebunden und kann auch einfach nur mündlich abgegeben werden.

Ein Risiko geht der Betreffende dabei aber nur ein, wenn sie *nachweislich* unwahr ist *und* vor Gericht oder speziell zuständigen Behörden (z. B. Finanzamt) abgegeben wird. Nur dann ist sie nämlich strafbar. In den meisten Fällen bleibt sie jedoch ohne rechtliche Konsequenzen, genauer gesagt immer dann, wenn sie vor dem eigenen Anwalt bzw. über ihn abgegeben wird. Aber wer weiß das schon? Eine eidesstattliche Erklärung hört sich einfach unheimlich stark an.

36 Verbindlichkeit von Notenprognosen

Sachverhalt: Es war einmal ein komplizierter, aber interessanter Fall, in dem fast alles zu finden ist, was Lehrkräften in Bezug auf die Leistungsbewertung Schwierigkeiten machen kann: Ein Schüler eines Gymnasiums bestand wegen seiner Leistungen in Geschichte die Abiturprüfung nicht. Allerdings war das Ergebnis ausgesprochen knapp. Er hätte 9 Punkte in Geschichte benötigt, erhielt aber im Endergebnis nur 8, vor allem wegen seiner schwachen schriftlichen Abiturklausur. Als Konsequenz verfehlte er das Abitur um einen lächerlichen Punkt. Das war zwar ärgerlich, aber zunächst offensichtlich keine Katastrophe. Ein Jahr später wiederholte er nämlich das Abitur und bestand es diesmal problemlos. Er verließ mit erhobenem Haupt und dem Zeugnis der allgemeinen Hochschulreife die Schule und begann aus unbekannten Gründen das komplizierte Studium der Rechtswissenschaften.

Offensichtlich in einer Verwaltungsrechtsvorlesung muss er eine Inspiration empfangen haben. Denn kurze Zeit später focht er mit vielfältigen Begründungen seine erste, nicht bestandene Abiturprüfung an. Die Schulbehörde lehnte seinen Widerspruch ab, weil kein Rechtsschutzinteresse mehr bestehe. Schließlich sei die Angelegenheit durch das Bestehen des Abiturs inzwischen erledigt. Auch das Verwaltungsgericht, an das er sich wandte, lehnte seine Klage mit der gleichen Begründung als unzulässig ab.

Hartnäckig, wie er war, ging er darauf in die Berufung vor das OVG. Auch hier unterlag er, und zwar aus den gleichen Gründen. Schließlich legte er Revision ein, und die Angelegenheit kam vor den Verwaltungsgerichtshof seines Bundeslandes. Hier legte er noch einmal ausführlich seine Einwände dar, warum ihm 9 anstatt 8 Punkten zustünden:

Die Fachlehrerin habe die Heftführung mitbewertet, was für einen Oberstufenkurs unangemessen sei, zudem – so der Schüler – habe die Lehrerin sein Heft aber nie gesehen.

Darüber hinaus habe die Kollegin auf dem letzten Elternsprechtag vor dem Abitur seinen Eltern erklärt, er werde das Abitur problemlos schaffen. Vor der schriftlichen Abiturarbeit habe sie ebenfalls ihm gegenüber 9 Punkte als Endzensur genannt.

Außerdem sei die Note nicht korrekt errechnet worden. Wenn man alle Teilnoten *vor dem Zusammenzählen* aufrundete, so komme das ihm zustehende korrekte Ergebnis von 9 Punkten heraus.

Des Weiteren sei in der mündlichen Abiturprüfung ein Thema abgefragt worden, das im Unterricht nicht behandelt worden sei. Und die Lehrerin habe ihm (und den anderen Schülern) zugesichert, für die mündliche Prüfung nur Themen vorzulegen, die sie im Unterricht behandelt habe.

Die Lehrerin habe den Schülern auch nicht bekanntgegeben, welche Leistungen von ihr in welchem Umfang gewichtet würden.

Trotz dieser Fülle an Vorwürfen lehnte der VGH die Klage im Endergebnis ab. Allerdings wurde trotz des erfolgreich abgelegten Abiturs ein Rechtsschutzinteresse des Klägers bejaht. Da man nicht wisse, wie der Lebensweg des Klägers weitergehe, sei nicht auszuschließen, dass ein erst „im zweiten Anlauf" abgelegtes Abitur für ihn einen Nachteil darstelle.

Zu den inhaltlichen Argumenten führte das Gericht aus: Die Einbeziehung der Heftführung sei auch in der gymnasialen Oberstufe noch zulässig. Die dienstliche Erklärung der Lehrerin, sie habe die Hefte sehr wohl gesehen und gewürdigt, sei aufgrund der von ihr angeführten Details durchaus glaubhaft.

Eine *sofortige Rundung* der Teilnoten sei weder geboten noch angemessen. Vielmehr führe ein solches Vorgehen in bestimmten Fällen zu einer Verzerrung der Note. Sinnvoll sei eine Rundung erst am Ende, und auch diese stehe grundsätzlich im pädagogischen Ermessen der Lehrkraft.

Dem Vorwurf, es sei etwas abgeprüft worden, was nicht im Unterricht behandelt worden sei, könne nicht gefolgt werden. Zum einen weise das Kursheft (Kurstagebuch) die Behandlung der Prüfungsthemen aus, zum anderen habe der Schüler weder in der Prüfung selbst noch kurz danach diesen Mangel gerügt. Deshalb sei der Vorwurf, sich nicht an die Ankündigung gehalten zu haben, gegenstandslos.

Da die Lehrerin den Schülern ihr Bewertungssystem zum Beginn des 12. Jahrgangs bereits vorgestellt und dies *im Kursheft vermerkt* habe, sei der Offenlegung der Bewertungsgrundlagen damit Genüge getan. Solange es keine Änderungen gebe, müsse das Bewertungssystem nicht zum Beginn jedes Halbjahres wiederholt werden.

Die positive Äußerung auf dem Elternsprechtag, der Schüler werde das Abitur schaffen, sei zudem *keine Zusicherung* gewesen, sondern eine *unverbindliche Zukunftsprognose*. Diese resultiere immer nur aus der Auswertung der Vergangenheit und stelle lediglich Vermutungen über die Zukunft an. Prognosen seien unverbindliche Meinungsäußerungen ohne jeden Bindungswillen, die nur für den jeweiligen Zeitpunkt gültig seien.

Ähnlich sei die behauptete Äußerung dem Schüler gegenüber zu bewerten, er werde in Geschichte 9 Punkte erhalten. Zum einen bestreite die Lehrerin diese Aussage. Vielmehr habe sie ihm nur seinen damaligen Durchschnitt mitgeteilt. Aber selbst wenn es eine Zusicherung gewesen wäre, könne der Schüler daraus nichts für sich herleiten. Da die Äußerung *vor* dem Schreiben der schriftlichen Arbeit abgegeben wurde, sei es lebensfremd und widersinnig anzunehmen, eine Note würde für erst noch zu erbringende Leistungen zugesichert. Deshalb bestehe in Bezug auf die Äußerung der Lehrerin kein einklagbarer Vertrauensschutz.

Entscheidung des VGH Bad-Wü, Urteil vom 09.11.1993:
Prognosen des Lehrers zum erwarteten künftigen Leistungsstand eines Schülers sind unverbindlich und schaffen keinen Vertrauenstatbestand.

Kommentierung: Der Betreffende hat wohl berücksichtigt, was einer meiner Professoren uns halb scherzhaft empfahl: „Als Jurastudent sollte man immer ein Verfahren laufen haben, das gibt wertvolle Praxiserfahrung.“

Schaut man sich die Breitseite an, die im obigen Fall gegen die Kollegin bzw. die Schule gefeuert wird, so stellt man fest, dass eigentlich kaum ein Vorwurf ausgelassen wird. Vielleicht hätte der Kandidat noch eine sexuelle Belästigung einbauen sollen, die er zwei Jahre später rügt, dann wäre alles komplett.

Wissen Sie, wie man Anwälte, die so vorgehen, in Fachkreisen nennt? Es sind „Krawallanwälte“, die meist zu viele amerikanische Justizthriller gesehen haben. Sie glauben, je mehr man vorbringe, desto größer sei die Aussicht auf Erfolg. Das mag in der Nähe von Hollywood so sein, bei uns funktioniert das glücklicherweise nicht. Bleibt nur zu hoffen, dass der damalige Kläger heute nicht als Anwalt herumläuft und ahnungslose Mandanten mit wilden Klageschriften in Prozesse treibt, die hinterher regelmäßig verloren werden.

Nun aber zum Inhaltlichen dieses zentralen Urteils: Wie leicht lässt man sich als Lehrer zu irgendwelchen positiven Aussagen hinreißen, um Schüler zu motivieren. Nach diesem Urteil brauchen Sie aber nicht zu befürchten, dass man Sie juristisch darauf festnageln kann. Trotzdem sollten Sie solch anspornende Äußerungen immer relativieren, z.B.: „Im Moment sieht es so aus, als würde es ...“ oder „Wenn du so weitermachst, dann könntest du ...“.

Weiterhin stoßen wir in diesem Urteil wieder auf einen bekannten Ablauf: Der Schüler nimmt an der Prüfung teil, ohne dabei etwas zu rügen, und beanstandet erst deutlich später das Ergebnis. Ein solches Vorgehen kann in der Regel nicht überzeugen.

Ich hoffe, Sie haben zwischen den Zeilen gemerkt, wie wichtig in solchen Prozessen das Kursheft (bzw. das Klassenbuch) ist. Für das Gericht stellte es eine ganz wichtige Urkunde dar. Was darin steht, hat wirklich stattgefunden. Und leider auch umgekehrt. Schon ahne ich Ihren Einwand. Natürlich könnte man dort alles Mögliche hineinschreiben. Aber das ist die Ausnahme. In der Regel wird das Wichtigste, was im Unterricht behandelt wurde, tatsächlich dort hineingeschrieben. Vielleicht stimmt das Datum nicht genau, aber das Wesentliche wird meistens festgehalten.

1. Tipp: Vermerken Sie deshalb wichtige Dinge im Kursheft bzw. Klassenbuch. Und zu diesen wichtigen Dingen gehören: die Grundlagen Ihrer Benotung, Sicherheitsbelehrungen, die Behandlung der Themen, die Sie in Klassenarbeiten und Klausuren abprüfen.

2. Tipp: In Bezug auf Prüfungsthemen sollten Sie von sich aus keine erleichternden Zusagen machen und sich von den Schülern auch keine thematische Eingrenzungen abschwatzen lassen. Unabhängig davon, dass Sie das nicht dürfen, begeben Sie sich damit in Teufels Küche. Wenn es herauskommt, haben Sie ein echtes Problem, denn das Ergebnis ist quasi nichts mehr wert, und Sie haben ein Dienstvergehen begangen.

Darüber hinaus gibt es ein gutes, schülerfreundliches Argument, solche Absprachen abzulehnen. Sie kennen abgesprochene Prüfungen? Ich auch. Zwar wird der Kandidat, da er das Thema vorher kennt, nicht durchfallen. Aber er wird meist kein gutes Ergebnis erzielen. Er wird sich nämlich engstirnig nur auf das eine Thema vorbereiten und damit nie in den guten Bereich kommen. Dafür sind nämlich Verbindungen zu anderen Inhalten nötig. Und die kann man erst herstellen, wenn man mehrere Themen beherrscht.

Falls Sie Ihren sympathischen Schülern entgegenkommen wollen, empfehle ich aus der juristischen Grauzone das Ausschlussverfahren. Lassen Sie jeden Schüler einen Bereich nennen, der ihm überhaupt nicht liegt (z.B. moderne Lyrik). Damit fällt die Belastung weg, einen ganz und gar unangenehmen Bereich bearbeiten zu müssen, aber *Sie* verraten nicht das Prüfungsthema. Sie haben auf diese Weise immer noch mehrere Themen, zwischen denen Sie wählen und in der Prüfung Verbindungen herstellen können. Und auch der Prüfling profitiert in der Regel von der breiter angelegten Vorbereitung.

37 Zufällig gefundener Prüfungstext

Sachverhalt: Wegen mangelhafter Leistungen in Mathematik und Englisch bestand ein Schüler sein Abitur nicht. Die schwachen Leistungen in Mathe wurden von ihm nicht bestritten, wohl aber die in Englisch.

Zur mündlichen Prüfung in Englisch wurde er nicht mehr zugelassen, weil nicht nur seine Prüfungsarbeit, sondern auch seine Vorzensur mangelhaft war. Diese setzte sich aus den Halbjahresnoten zusammen, die sich wiederum auf die Noten der Klassenarbeiten und die mündliche Beteiligung stützten. Der Schüler legte gegen die Entscheidung der Schule Widerspruch ein und focht sein Nichtbestehen bzw. seine vorausgehende Nichtzulassung zur mündlichen Englischprüfung mit folgenden Gründen an:

Zum einen habe Mitschüler B., der bestanden hatte, in der schriftlichen Prüfung vom Lehrer eine Hilfe erhalten, er jedoch nicht. Zum anderen hätten in einer der letzten Klausuren vor dem Abitur mehrere Mitschüler den Text der Arbeit gekannt und hätten dadurch ungerechtfertigt Vorteile gehabt. Die Klausur sei somit unter irregulären Bedingungen geschrieben worden.

Die Schulbehörde lehnte den Widerspruch ab, worauf der Schüler vor dem Verwaltungsgericht klagte. Dieses wies die Klage ab, weshalb der Schüler in die Berufung vor das Oberverwaltungsgericht zog.

Das OVG ging zunächst auf die behauptete unerlaubte Prüfungshilfe für den Kandidaten B. ein. Selbst wenn dieser eine Hilfe bekommen habe, sei diese rechtlich unerheblich. Denn schließlich gehe es nicht um die Prüfung von B., sondern um die des Klägers. Das Bestehen seiner Prüfung hänge nicht von einer guten oder schlechten Bewertung seines Mitschülers ab. Zudem könne niemand aus dem Verfassungsgebot der *Gleichbehandlung* herleiten, eine *ungerechtfertigte Bevorzugung* gewährt zu bekommen, weil diese auch einem anderen zuteil geworden sei.

In der Beweisaufnahme stellte das OVG fest, dass in der fraglichen Klausur vor dem Abitur tatsächlich mindestens acht Mitschüler den Text der Arbeit kannten und deshalb gute Noten bekommen hatten. Allerdings hatte der Lehrer sich offensichtlich nichts zuschulden kommen lassen. Seine Textsammlung, mit der er auch im Unterricht arbeitete, war mit einem neutralen Umschlag versehen, damit der Titel nicht zu erkennen war. Die Schüler hatten also zufällig (oder durch systematisches Suchen) den für die schriftliche Arbeit ausgewählten Text gefunden, zu Übungszwecken durchgearbeitet und folglich bessere Noten bekommen.

Die Tatsache, dass einige Schüler den Text der Arbeit vorab kannten und somit im Vorteil waren, wurde vom OVG folgendermaßen bewertet: Zum einen sei dieser Vorteil nicht messbar. Niemand könne beurteilen, um wie viel besser die Klausuren durch die vorherige Kenntnis des Textes geworden seien. Zum anderen habe der Lehrer unstreitig weder leichtfertig noch absichtlich anderen Schülern die Möglichkeit gegeben, in seine Textsammlung Einsicht zu nehmen. Von einer gezielten Indiskretion, wie vom Kläger behauptet, die die Chancengleichheit zum Nachteil des Klägers verändert habe, könne deshalb keine Rede sein.

Das Finden des Klausurtextes sei deshalb entweder ein **Zufallsfund** oder durch systematisches Suchen nach möglichen Klausuraufgaben zustande gekommen. Beides sei in der Schulpraxis nicht auszuschließen und auch nicht unrechtmäßig. Jeder der Prüflinge, also auch der Kläger, habe die Möglichkeit gehabt, nach klausurrelevanten Texten zu suchen, dabei den Prüfungstext zu finden und durchzuarbeiten. Eine dadurch eintretende Chancenverbesserung sei rechtlich irrelevant.

Entscheidung des OVG Münster, Urteil vom 17.04.1967:
Die Chancenungleichheit, die sich daraus ergibt, dass einzelne Prüflinge zufällig das Thema der Prüfungsarbeit kennen, ist rechtlich irrelevant.

Kommentierung: Wer das Urteil im Original liest, wird feststellen, dass es auch ausführlich um die Frage geht, welche Kompetenzen eine Konferenz bei der Festsetzung von Noten hat. Aber diesen Teil habe ich ausgeklammert und mich stattdessen auf das für Lehrer deutlich Interessantere konzentriert.

Wohlgemerkt, hier wurde von keinem Prüfling getäuscht oder der Lösungstext gestohlen. Trotzdem gibt es immer wieder solche Zufälle: Irgendjemand stößt bei der Vorbereitung zufällig oder durch gezielte Überlegungen auf die später zu bearbeitende Aufgabenstellung. Das ist wirklich Glück für den einen, berechtigt aber die anderen nicht dazu, diesen Zufall auszugleichen. Wie sollte man das auch berechnen? Alle Glückspilze bekommen eine Note schlechter, weil sie den Text gefunden haben? Oder man hebt die Note der Pechvögel um eine Stufe an, weil sie ihn nicht gefunden haben? Warum nicht um zwei oder drei Notenstufen? Wie man es auch dreht und wendet, es geht nicht auf.

Pädagogische Gerechtigkeitsfanatiker schlagen an dieser Stelle gerne vor, alle Schüler die Arbeit noch einmal schreiben zu lassen. Und wenn dann wieder jemand zufällig die Aufgabenstellung gefunden oder erahnt hat? Schreiben dann alle noch einmal? Wie oft?

Was ich mit diesen pointierten Fragen zeigen möchte, ist Folgendes: Es gibt im Leben immer gewisse Ungerechtigkeiten, die aber niemand verschuldet hat. Der Lehrer hat sich korrekt verhalten, die besagten acht Schüler haben nichts Illegales gemacht, und unser Kläger hat einfach Pech gehabt.

Die herzlosen Juristen haben mit solchen unangenehmen Tatsachen deutlich weniger Probleme als Lehrer. Letztere meinen manchmal, die zufällige Ungerechtigkeit der Welt ausgleichen zu müssen. Niemand in ihrem Zuständigkeitsbereich soll Pech haben müssen. Damit wir uns nicht missverstehen: Das soll kein Vorwurf sein, ich finde das sehr idealistisch, aber auch schwer umzusetzen.

1. Tipp: Obwohl das Gericht auf den einen Vorwurf des Klägers (Hilfe für Mitschüler B.) nur ganz am Rande eingeht, liegt mir dieser Punkt am Herzen. Grundsätzlich sollte man als Lehrer in Klassenarbeiten oder Klausuren nie einzelnen Schülern Hilfen geben, falls diese Fragen zur Aufgabenstellung haben. Wer das macht, bekommt in der Regel schon bald den Dominoeffekt zu spüren und bricht entnervt bei der 13. Schülerfrage ab. Und warum wird die Frage des 14. Schülers nicht mehr beantwortet? Das wäre tatsächlich willkürlich und damit ungerecht. Es gibt nur zwei Möglichkeiten, dies zu verhindern: Entweder muss man (rein theoretisch) jedem Schüler eine Frage zugestehen oder aber – die bessere Lösung – man formuliert die Aufgabenstellung eindeutig, und die Schüler müssen bei Zweifelsfragen selbst entscheiden. Wenn man sich zur zweiten Variante einmal durchgerungen hat, geht es (ab der 7. Klasse) eigentlich ganz gut.

2. Tipp: Noch wichtiger ist jedoch der Merksatz: Keine Gleichheit im Unrecht! Das Gericht streift dieses Problem nur am Rande, weil jeder Jurist dieses Thema aus dem Verwaltungsrecht zur Genüge kennt. Juristischen Laien aber macht das Ganze erhebliche Schwierigkeiten. Worum geht es? Falls eine Behörde, bzw. der Lehrer als Teil einer Behörde, gegenüber einem Schüler einen Fehler gemacht bzw. sich geirrt hat, so gibt das den anderen Schülern *keinen Anspruch auf Wiederholung des Fehlers.*

Machen wir es an einem prägnanten Beispiel deutlich: Nach der Abrechnung der Klassenfahrt soll jeder Schüler 3,50 Euro zurückerstattet bekommen. Aus Versehen überweist der Lehrer dem Schüler A. 35 Euro. Haben jetzt alle anderen auch Anspruch auf 35 Euro? Natürlich nicht, denn es besteht **kein Anspruch auf Gleichheit im Unrecht**. Dass die anderen Schüler mit 35 Euro einverstanden wären, ist schon klar, aber so geht es nicht. Ansonsten würden aus einem Fehler sehr viele Fehler. Und was für den monetären Fehler gilt, gilt auch für immaterielle Fehler.

Der Grundsatz der Gleichbehandlung greift immer nur, wenn das Handeln des Lehrers fehlerfrei war. Bei einem Fehlverhalten oder Irrtum muss man versuchen, den gemachten Fehler zu korrigieren, d.h., man muss in unserem Beispiel der Klassenfahrt von A. 31,50 Euro zurückfordern. Selbst wenn das aus irgendwelchen Gründen nicht möglich ist, ändert das nichts am Prinzip.

Es wäre eine völlige Fehlinterpretation des Gleichheitssatzes, würde man den Fehler so oft wiederholen, bis alle Beteiligten davon profitieren. Weil es für den Schulalltag wirklich wichtig ist und immer wieder gerne falsch gemacht wird, aus didaktischen Gründen noch einmal das einprägsame **Fazit: Es gibt keine Gleichheit im Unrecht.**

38 Vermuteter Täuschungsversuch

Sachverhalt: Ein Bewerber für den höheren Dienst der Krankenkassenverwaltung musste mehrere Klausuren schreiben. Das tat er auch. Bei der Korrektur der letzten Klausur stellte der erste Prüfer allerdings etwas Erstaunliches fest. Die Arbeit des Kandidaten stimmte in großen Teilen fast wortwörtlich mit dem Lösungsmuster überein. Aber nicht nur das. Auch Gliederung und Gedankenführung entsprachen exakt dem Lösungsmuster. Dieses war jedoch nicht öffentlich in irgendwelchen Aufgabensammlungen erhältlich, sondern bestand nur intern.

Die Prüfungskommission kam darin überein, dass ein Täuschungsversuch vorliegt, obwohl sich niemand erklären konnte, wie der Kandidat an die Lösung gekommen war. Trotzdem erklärte man die Klausur für nicht bestanden und schloss den Kandidaten gemäß der Prüfungsordnung von der weiteren Prüfung aus.

Gegen diese Entscheidung wandte sich der Prüfling. Er legte zunächst Widerspruch, dann Klage vor dem Verwaltungsgericht ein. Als auch diese abgewiesen wurde, ging er in die Berufung vor das OVG. Dort unterlag er ebenfalls, eine Revision wurde nicht zugelassen. Dagegen legte er Beschwerde ein, sodass die Angelegenheit endlich vor dem Bundesverwaltungsgericht landete.

Hier trug er wieder vor, man könne ihm einen Täuschungsversuch nicht nachweisen, was aber notwendig sei, um seinen Prüfungsausschluss rechtfertigen zu können. Weder das Prüfungsamt noch eines der Verwaltungsgerichte habe sich klar dazu geäußert, wie er an das Lösungsmuster gekommen sei. Die Folgen aber der Unaufklärbarkeit, wie er zu seiner fast perfekten Lösung gekommen sei, trage schließlich das Prüfungsamt.

Außerdem sei die Prüfungsordnung nicht rechtmäßig, weil sie für den Täuschungsversuch kein abgestuftes Vorgehen, sondern lediglich den Ausschluss von der weiteren Prüfung vorsehe.

Trotz dieses geschickten Arguments folgte das (ebenso geschickte) Bundesverwaltungsgericht dem Kläger nicht und lehnte seine Beschwerde aus folgenden Gründen ab: Das illegale Beschaffen des Lösungsmusters stelle eine besonders schwere Form der Täuschung dar. Deshalb sei nicht zu beanstanden, darauf mit dem (nach der Prüfungsordnung möglichen) Ausschluss von der Prüfung zu reagieren.

Darüber hinaus sei die Täuschung des Prüflings erwiesen, und zwar sowohl über den Anscheinsbeweis als auch über eine freie Beweiswürdigung. Der **Anscheinsbeweis** (korrekt eigentlich „Beweis des ersten Anscheins") mache deutlich, dass der Prüfling nur über eine Täuschung zu seiner Lösung gelangt sein könne. Eine in großen Teilen wörtliche und im Übrigen sinngemäße Wiedergabe des Lösungsmusters setze typischerweise voraus, dass der Kandidat das Lösungsmuster detailliert gekannt haben müsse. Weil das Lösungsmuster aber nur intern existiere und keine überzeugende Erklärung für die Übereinstimmung geliefert werde, folge daraus zwingend, dass der Prüfling eine Täuschung begangen habe.

Selbst ohne den Anscheinsbeweis, sondern im Rahmen einer freien Beweiswürdigung komme man zu keinem anderen Ergebnis. Durch die vorliegenden Fakten sei der Täuschungsversuch für die Gerichte erwiesen.

Entscheidung des BVerwG, Beschluss vom 20.02.1984:
Ein Täuschungsversuch kann durch den Anscheinsbeweis bewiesen werden, wenn die Prüfungsarbeit mit dem internen Lösungsmuster in hohem Maße übereinstimmt.

Kommentierung: An dieser Stelle nutze ich die Gelegenheit, den juristisch wirkungsvollen Trick des allerdings etwas komplizierten Anscheinsbeweises kurz zu skizzieren. Normalerweise hätte das Prüfungsamt dem Kandidaten die Täuschung nachweisen müssen. Ein nicht ganz leichtes Unterfangen, weil niemand eine zündende Idee hatte, wie der Betreffende an die perfekte Lösung gekommen war.

Der Anscheinsbeweis bewirkt eine **Beweislastumkehr**: Jetzt muss der Prüfling *überzeugend* darlegen, wie er zu einer teilweise wörtlichen Übereinstimmung und einem gleichen Aufbau der Arbeit mit der Musterlösung gekommen ist. Gelingt ihm das nicht, so darf man eine Täuschung annehmen. Dreh- und Angelpunkt dieses Ansatzes ist Folgendes: Wenn nach der normalen Lebenserfahrung ein Zusammenhang zwischen zwei Ereignissen besteht, so darf man auch von diesem ausgehen und dementsprechend entscheiden. Und einen solchen Zusammenhang sahen die Gerichte bei der Konstellation dieses Falles als gegeben an.

Aber sogar ohne diesen Kniff der Beweislastumkehr, sondern über die herkömmliche freie Beweiswürdigung hat das BVerwG eine Täuschung als erwiesen angesehen. Dem Prüfling hat es also letztlich nichts genützt, dass er sich nicht dazu geäußert hat, wie die höchst erstaunliche Übereinstimmung zustande gekommen sein könnte.

Fazit: Was zeigt uns das? Vor Gericht muss gar nicht alles bis in die allerletzte Einzelheit *bewiesen werden*, das Gericht muss etwas lediglich *als erwiesen ansehen*. Das ist nicht dasselbe, sondern merklich weniger. Man behauptet nicht, etwas sei objektiv erwiesen, sondern man hält es dafür, man nimmt es an.

Tipp: Das Prinzip des Anscheinsbeweises gilt nicht nur für Klausuren an Hochschulen, sondern es gilt ganz allgemein und damit auch für ganz normale Klassenarbeiten in der Schule. Allerdings funktioniert der Anscheinsbeweis nicht immer und nicht bei nur einigen Gemeinsamkeiten. Vielmehr müssen die Übereinstimmungen zwischen zwei Arbeiten so frappierend sein (z.B. Fehler an den gleichen Stellen), dass eigentlich jede andere vernünftige Möglichkeit ausscheidet.

Vorsicht! Es gibt den Fall zweier Lehramtskandidatinnen (VGH Bad-Wü, 29.06.1976), denen man auch eine Täuschung unterstellte, weil ihre schriftlichen Klausuren einige wortgleiche Übereinstimmungen aufwiesen. Allerdings schrieben beide in unterschiedlichen Räumen und konnten nachweisen, zusammen für die Klausur geübt und bestimmte Passagen auswendig gelernt zu haben. Wie so oft im Leben hängt es folglich von den Umständen des Einzelfalles ab.

39 Ist Abschreibenlassen ein Täuschungsversuch?

Sachverhalt: Es waren einmal zwei Jurastudenten (P. und T.), die ihren „Strafrechtsschein“ anstrebten. Für diesen hatten sie bereits ihre erste Klausur geschrieben, die T. allerdings nur äußerst knapp bestanden hatte. Jetzt stand eine Hausarbeit an, danach war wieder eine Klausur vorgesehen. Zum Abgabetermin der Hausarbeit reichten beide ihre Ausarbeitungen, die Lösung eines Strafrechtsfalls, bei Professor S. ein.

Dieser bzw. seine Korrekturassistentin wurde bei der Lektüre schon bald stutzig, denn beide Arbeiten waren fast wortgleich. Der Professor bewertete deswegen beide Arbeiten zunächst mit „nicht bestanden“, weil er von einer Täuschung ausging. Tatsächlich war die Hausarbeit ursprünglich von P. verfasst worden und T. hatte sie mit geringen Änderungen abgeschrieben und als seine abgegeben.

Das wollten beide Kandidaten dem Professor in einem Gespräch offenbaren und vereinbarten dafür einen Termin *vor* der Rückgabe der letzten Klausur (das ist wichtig, d. Verf.). Sie erschienen beide im Vorzimmer des Professors, der sie jedoch nicht empfing. Stattdessen teilte er ihnen mit, dass er sich aufgrund der Täuschung weigere, die Arbeiten zu bewerten. Als Folge davon wurde der begehrte Strafrechtsschein nicht erteilt, weil keine bewertete Hausarbeit vorlag bzw. die Hausarbeit nicht akzeptiert wurde.

Hiergegen klagte P. vor dem Verwaltungsgericht. Er beanspruchte die alleinige Urheberschaft für die Hausarbeit und gab darüber hinaus eine eidesstattliche Versicherung ab. Auch T. gab eine eidesstattliche Versicherung ab. Um seinen Täuschungsversuch zu beschönigen, gab er an, er habe am Computer von P. gearbeitet und „aus Versehen“ dessen Arbeit ausgedruckt und als seine abgegeben.

Das VerwG betrachtete diese höchst unwahrscheinliche Erklärung als durchsichtigen Versuch, den moralischen Vorwurf der Täuschung abzuschwächen. Es erkannte in der Erklärung aber auch das Eingeständnis, dass die Arbeit ursprünglich von P. stamme.

Die Hochschule und Prof. S. blieben jedoch bei ihrer Haltung, weil sie die Glaubwürdigkeit von T. bezweifelten. Und so ging die Sache weiter nach oben, bis zum Verwaltungsgerichtshof.

Die Argumente der Hochschule wurden zurückgewiesen, der VGH gab dem Studenten P. recht. Zur Begründung führten die Richter aus: Trotz des fadenscheinigen Rechtfertigungsversuchs des T. sei dessen Glaubwürdigkeit nicht grundsätzlich erschüttert. Sein Versuch, die eigene Täuschung herunterzuspielen, sei verständlich. Allerdings bestreite er in diesem Versuch nicht die geistige Urheberschaft von P. Es sei auch glaubhaft, dass beide den wahren Sachverhalt hätten aufklären wollen. Schließlich seien sie zusammen bei Prof. S. erschienen, der sie jedoch nicht empfangen habe.

Zur Bewertung bzw. Nichtbewertung der Arbeit von P. argumentierte der VGH wie folgt: Der Kandidat verliere seinen Bewertungsanspruch nicht dadurch, dass er einem Kommilitonen gestatte, seine Hausarbeit abzuschreiben. Es gebe keinen Grundsatz des Prüfungsrechts, in dem die Duldung der Übernahme einer eigenen Leistung zu einer Sanktionsnote („nicht bestanden") oder einem Verlust des Bewertungsanspruches führen müsse.

Für eine Täuschung sei notwendig, beim Prüfer einen Irrtum zu erregen. Der Kandidat müsse vorspiegeln, eine eigene Leistung regulär erbracht zu haben, die objektiv jedoch nicht vorhanden sei. Helfe ein Prüfling unerlaubt einem anderen, so werde zwar der Leistung des Mitprüflings die Bewertungsgrundlage entzogen, nicht aber seiner eigenen. Schließlich erbringe der unerlaubt Helfende objektiv eine eigene bewertbare Leistung.

Entscheidung des VGH Bad-Wü, Beschluss vom 03.07.1986:
Das Dulden der Übernahme eigener Leistungen durch einen anderen Prüfling berechtigt nicht zu einer Sanktionsnote oder einem Versagen der Bewertung.

Kommentierung: Wichtig für die Glaubwürdigkeit der beiden Gefäße der Sünde war, dass sie das Gespräch mit dem Professor *vor* der Rückgabe der dritten Arbeit gesucht hatten. Hätte einer der beiden nämlich diese verhauen, hätte er nach der Rückgabe problemlos die Schuld auf sich nehmen können, weil er nichts zu verlieren gehabt hätte. Er wäre ja in jedem Fall durchgefallen.

Beide Studenten gaben im Laufe des Verfahrens eine eidesstattliche Erklärung ab, wobei die von T. höher gewertet wurde. Die Erklärung des P. war letztlich nichts anderes als eine besonders eindringliche parteiliche Erklärung zu seinen eigenen Gunsten. Da T. sich durch seine Erklärung selbst belastete, erhielt jene erheblich mehr Gewicht.

Der VGH schreibt an einer Stelle, dass eine Sanktionsnote auch für den unerlaubt Helfenden zwar schwer zu rechtfertigen, aber grundsätzlich möglich wäre. Da dies aber eine sehr einschneidende Disziplinarmaßnahme wäre, müsste sie gesetzlich geregelt oder über eine Ermächtigung in die Prüfungsordnung gebracht werden. Einige schulische Prüfungsordnungen hatten dies früher vorgesehen, weil man auch diejenigen drankriegen wollte, die unerlaubt anderen halfen. In Niedersachsen war dies z.B. bis vor 20 Jahren so. Dann sprach sich das o.g. Urteil herum und man nahm die Regelung zurück, weil man einsah, dass das Gericht mit seiner Argumentation im Grunde recht hat.

Falls Sie meinen, in Ihrem Bundesland sei eine Sechs auch für denjenigen zulässig, der nur abschreiben *lässt*, sollten Sie dies vor einer Sanktion besser überprüfen. Es könnte sein, dass es zwar früher tatsächlich einmal so war, mittlerweile aber geändert wurde.

Variante: Das Problematische der alten Regelung wird deutlich, wenn man sich vorstellt, dass man von einem guten Schüler abschreiben kann, ohne dass der es merkt. Weniger bei Klassenarbeiten unter Aufsicht, aber bei Hausarbeiten, Facharbeiten oder Seminararbeiten ist heute ein unbemerkter Datendiebstahl durch einen gerissenen Schüler durchaus denkbar.

Die Arbeit des schwachen Schülers kann über den Anscheinsbeweis als Täuschung gewertet werden (siehe Urteil 38). Es wäre aber unbillig, auch die Arbeit des guten Schülers, der das Abschreiben nicht bemerkt hat, nicht zu bewerten bzw. ebenfalls mit Sechs zu bewerten.

Bitte das Urteil nicht missverstehen! Der bewusst unerlaubt Helfende ist kein Wohltäter, schon gar nicht in Bezug auf die anderen Prüflinge, denen er nicht hilft. Derjenige, der seinen Kumpel abschreiben lässt, handelt den anderen gegenüber in hohem Maße unsozial.

Fazit: Derjenige, der abschreibt, kann und sollte natürlich eine Sechs bekommen. Derjenige jedoch, der (nur) abschreiben lässt, kann (und sollte!) wegen der unerlaubten Hilfe erzieherisch gemaßregelt werden. Seine Arbeit darf aber nicht ebenfalls als Täuschung mit Sechs bewertet werden. Schließlich richtet sich die Bewertung seiner Arbeit nicht nach seinem stark korrekturbedürftigen Sozialverhalten, sondern allein nach der objektiven Qualität seiner Leistung.

40 Prüfungsverlängerung wegen Baulärm

Sachverhalt: Eine Jurastudentin schrieb als Wiederholerin eine fünfstündige Prüfungsklausur. Während der Arbeit kam es zweimal zu erheblichen Störungen durch Baulärm (Presslufthammer, Trennschleifer). Alle Kandidaten rügten die erste Lärmphase von etwa zehn Minuten und erhielten dafür von der Aufsicht sofort eine Zusage für eine Schreibverlängerung von fünf Minuten.

Einige Stunden später gab es eine zweite starke Lärmphase (ca. sieben Minuten). Diese wurde aber von den Prüflingen einschließlich der Klägerin nicht mehr gerügt, weshalb von der Aufsicht auch keine Schreibverlängerung dafür gewährt wurde.

Die Studentin erzielte in dieser Klausur erneut ein nicht ausreichendes Ergebnis und bestand deshalb ihre Prüfung endgültig nicht.

Gegen diesen Bescheid legte sie zuerst Widerspruch und dann Klage ein. Sie focht das Nichtbestehen an und forderte eine Wiederholung der Arbeit.

Ihrer Ansicht nach war das Prüfungsergebnis (Nichtbestehen) rechtswidrig, weil das Prüfungsverfahren, d. h. der Ablauf der besagten Klausur, fehlerhaft gewesen sei.

Das Verwaltungsgericht wies die Klage zurück, worauf die Kandidatin in die Berufung zum Oberverwaltungsgericht ging.

Das OVG gab ihrer Klage teilweise recht, weil eine Störung von insgesamt 17 Minuten durch eine Schreibverlängerung von fünf Minuten nicht angemessen ausgeglichen sei. Bei mittleren Störungen sei mindestens ein Verhältnis von 2:1 einzuhalten, bei starken Störungen sei sogar ein Verhältnis von 1:1 gefordert.

Daraufhin ging die Prüfungsbehörde in die Revision zum Bundesverwaltungsgericht, wo sie recht bekam. Man hielt der Studentin vor, die zweite Lärmphase in keiner Weise gerügt zu haben. Von einem Prüfling könne man verlangen, etwaige Beeinträchtigungen unverzüglich zu rügen, damit die Prüfungsaufsicht darauf reagieren könne. Spätestens als die Kandidatin merkte, dass die Aufsicht, anders als bei der ersten Lärmstörung, keine Schreibverlängerung ankündigte, hätte sie reagieren müssen. Somit sei die zweite Störung von sieben Minuten für ihre Arbeit unbeachtlich.

Zur verbleibenden Störung (zehn Minuten) führte das BVerwG aus: In der Prüfung seien unbestreitbare Mängel aufgetreten. Es gehe somit um die Frage, ob diese Mängel angemessen ausgeglichen worden seien. Die Richter befanden, bei einer Klausur von 300 Minuten Länge sei eine Schreibverlängerung von fünf Minuten vertretbar und verletze nicht den Grundsatz der Chancengleichheit zu Prüflingen, die ohne Lärmstörung geschrieben hätten.

Dies liege aber nicht daran, dass die Schreibverlängerung noch in einem Verhältnis von 2:1 zur Dauer der Lärmstörung gestanden habe. Ein festgelegtes prozentuales Verhältnis von Lärmstörung zu Schreibverlängerung sei nicht sinnvoll und verletze das Ermessen der Prüfungsaufsicht. Das Prüfungsamt habe die Verfahrensherrschaft, und nur die von ihm eingesetzte Aufsicht könne das Ausmaß der Störung einschätzen und darauf entsprechend reagieren. Aus diesem Grund sei die Beschwerde der Studentin abzuweisen.

Entscheidung des BVerwG, Urteil vom 29.08.1990:
Der prüfungsrechtliche Grundsatz der Chancengleichheit ist verletzt, wenn die Prüfung durch Lärm erheblich gestört wird. Dies kann durch eine entsprechende Schreibverlängerung ausgeglichen werden.

Kommentierung: Mit dem Ergebnis des BVerwG bin ich einverstanden, bei dessen Begründung erlaube ich mir jedoch, einen etwas anderen Standpunkt zu vertreten. Allerdings muss ich etwas vorwegschicken: Im o.g. Urteil geht es nicht nur um eine Klausur, die wegen Lärms angefochten wird, sondern um sechs, alle mit unterschiedlich langen Beeinträchtigungen. Aus Gründen der Vereinfachung habe ich diese zu einer fiktiven Klausur zusammengefasst. Das Leben ist schon kompliziert genug.

Nun zu meiner abweichenden Meinung. Ich hätte die Klage auch abgewiesen, aber aus einem anderen Grund: Meiner Meinung nach sind fünf Minuten nicht ausgeglichener Lärmstörung bei einer Gesamtzeit von 300 Minuten nicht erheblich (das sind weniger als 2 %). Ich finde, eine so minimale Beeinträchtigung muss ein Prüfling notfalls auch ohne Ausgleich hinnehmen.

Natürlich muss letztlich die Prüfungsaufsicht entscheiden, ob und welche Dauer einer Schreibverlängerung angemessen ist. Ich finde aber das, was die vorletzte Instanz (OVG) vorschlägt und was vom BVerwG verworfen wird, recht sinnvoll. Das OVG nimmt im Grunde eine Dreiteilung der Störungen vor.

- Zunächst sieht es Störungen, die unter der Erheblichkeitsschwelle liegen. Das können Störungen geringer Intensität sein oder stärkere Störungen, sofern sie weniger als 1 % der Bearbeitungszeit ausmachen.
- Darauf folgen Störungen mittlerer Intensität, für die ein Ausgleich von 2:1 angemessen ist.
- Als Letztes kommen starke Störungen, die im Verhältnis von 1:1 ausgeglichen werden müssen.

Es ist klar, dass es weder den Durchschnittsprüfling noch ein objektives Kriterium für die Schwere von Störungen gibt. Trotzdem finde ich eine grobe Einstufung für die Aufsichtführenden hilfreicher als den Verzicht auf eine Leitlinie. Das hängt damit zusammen, dass ich schon in ähnlichen Situationen Aufsicht geführt habe und nie genau wusste, wie ich mich verhalten sollte.

Aber das Urteil des BVerwG ist für die Schule natürlich noch günstiger, denn jetzt liegt es allein im Ermessen der Aufsicht, ob und welche Schreibverlängerung gewährt wird. Wollen Sie als Aufsicht auf der sicheren Seite bleiben, empfiehlt sich bei erheblichen Störungen ein Ausgleich von 1:1. Und wenn Sie dann noch zwei Minuten dazugeben, ist etwaigen Beschwerden gleich von vornherein der Wind aus den Segeln genommen. Wie heißt es doch so richtig: „Der beste Prozess ist der, zu dem es gar nicht erst kommt."

Variante: Dass es für Schüler mit festgestellten Behinderungen Schreibverlängerungen gibt, wissen Sie vermutlich schon. Es ist aber auch möglich, Schülern mit plötzlich auftretenden Kreislaufproblemen oder Rückenschmerzen kurze „Schreibpausen" zu gewähren. Das ist unter Umständen für alle Beteiligten einfacher als ein Besuch beim Amtsarzt und die Erstellung und Bearbeitung einer neuen Aufgabenstellung. Die Schüler dürfen während dieser Pause aber nicht vor ihrer Arbeit sitzen und die Schreibpause muss natürlich im Prüfungsprotokoll vermerkt werden.

41 Sachverständige in Prüfungen

Sachverhalt: Ein Jurastudent aus Hamburg trat zum zweiten Mal zur Prüfung an und verfasste dazu eine schriftliche Hausarbeit, die nur mit 4 Punkten benotet wurde. Da auch die mündliche Prüfung schwach war, bestand er abermals nicht.

Er legte Widerspruch ein und forderte, seine Arbeit für bestanden zu erklären oder ihm einen erneuten Versuch zu gestatten. Zur Begründung trug er vor, die schlechte Bewertung seiner Hausarbeit erkläre sich daraus, dass die Korrektoren den aktuellen rechtswissenschaftlichen Stand nicht gekannt und seine diesbezüglichen Literaturhinweise nicht berücksichtigt hätten. So hielten sie die von ihm vorgetragene „Saldo-Theorie" für grob fehlerhaft, obwohl sie nicht nur in der Literatur z.T. akzeptiert, sondern auch von einigen Gerichten bereits angewendet werde.

Im Rahmen des Widerspruchsverfahrens schwächten die Prüfer ihre Kritik an diesem Punkt deutlich ab, blieben aber bei ihrem Ergebnis, weil die Arbeit oberflächlich sei. Das Prüfungsamt bestätigte diese Entscheidung und verwies auf den Beurteilungsspielraum der Prüfer.

Damit gab sich der Kandidat nicht zufrieden, sondern legte Klage beim Verwaltungsgericht ein und forderte eine Überprüfung seiner Arbeit im gerichtlichen Verfahren. Das Prüfungsamt habe sich zu Unrecht auf einen Beurteilungsspielraum der Korrektoren berufen. Da das Amt ein Teil der öffentlichen Verwaltung sei, könne es sich nicht wie ein Gericht nur auf die Überprüfung der Einhaltung von Grenzen beschränken (siehe z.B. Urteil 29).

Aber auch das VG wies die Klage ab und führte dazu Folgendes aus: Der Beurteilungsspielraum des Prüfungsamtes sei gerichtlich nur eingeschränkt zu überprüfen, und offensichtliche Korrekturfehler seien in der Bewertung nicht zu erkennen.

Der Kandidat ging in die Berufung. Hier hatte er ebenfalls keinen Erfolg, weil sich das Gericht der Vorinstanz anschloss. Das OVG lehnte es auch ab, Zeugen zur Prüfungsleistung zu vernehmen. Es teilte die Auffassung, die Entscheidung eines Prüfers, etwas sei falsch, könne nicht gerichtlich überprüft werden. Eine Revision gegen diese Entscheidung wurde nicht zugelassen, wogegen der Student sich wand.

Er legte Beschwerde beim Bundesverwaltungsgericht ein, die aber ebenfalls zurückgewiesen wurde. Die angesprochenen Rechtsfragen seien bereits mehrfach entschieden worden, damit sei die Angelegenheit geklärt. Zudem habe der Fall keine grundsätzliche Bedeutung.

Der beharrliche Kandidat ließ jedoch nicht locker und legte als letztes Mittel Verfassungsbeschwerde ein. Vor dem Bundesverfassungsgericht bekam er endlich (teilweise) recht. Neben der grundsätzlichen Frage war die *Berufsfreiheit* des Art. 12 GG ein wichtiger Aspekt. Denn durch das nochmalige Nichtbestehen der juristischen Staatsprüfung sei dem Kläger endgültig der Zugang zu seinem angestrebten Beruf verwehrt. Vor einem solchen Hintergrund müsse eine Entscheidung besonders gründlich geprüft werden.

Zum eigentlichen Inhalt führte das BVerfG aus: Der Beschwerdeführer verlange eine wirksame Nachprüfung durch die Widerspruchsbehörde (das Prüfungsamt). Das sei berechtigt. Der Kandidat habe einen Anspruch auf eine vollständige, d.h. *auch inhaltliche*, Überprüfung durch die Widerspruchsbehörde, da das Verwaltungsgericht nur geringe Möglichkeiten habe, die Bewertung nachprüfen zu lassen.

Allerdings hätten die Verwaltungsgerichte gleichfalls der Kritik an der Bewertung nachgehen müssen, denn der Student habe schwere Korrekturfehler *fundiert* geltend gemacht. Seine Behauptungen hätte man aufklären und die angebotenen Beweise erheben müssen. Die Prüfer hätten nach dem Widerspruch des Klägers zwar ihre Kritik formal abgemildert, seien aber in willkürlicher Weise bei ihrem negativen Gesamturteil geblieben. Alle durchlaufenen Verwaltungsgerichte müssten sich den Vorwurf gefallen lassen, willkürlich gehandelt zu haben, weil sie schwere Korrekturfehler nicht beanstandet und die Entscheidung der Widerspruchsbehörde gedeckt hätten.

Das Gericht stellte fest: Fachliche Meinungsverschiedenheiten seien der gerichtlichen Kontrolle *nicht generell entzogen*. Der Hinweis auf die Schwierigkeit einer gerichtlichen Kontrolle sei unerheblich. Notfalls müsse, wie in anderen Verfahren, ein Sachverständiger eingeschaltet werden. Praktische Schwierigkeiten alleine seien kein Grund, den Rechtsschutz eines Kandidaten einzuschränken.

Entscheidung des BVerfG, Beschluss vom 17.04.1991:
Macht ein Prüfling nachvollziehbar geltend, dass seine Antwort nicht falsch, sondern richtig oder vertretbar ist, so muss dies notfalls durch einen Sachverständigen geklärt werden.

Kommentierung: Es handelt sich um ein bahnbrechendes, aber eigenartiges Urteil. Sie werden es vermutlich nicht glauben, aber trotz dieser Urteilsbegründung blieb es letztlich beim Nichtbestehen der Prüfung. Das Gericht kam zu der Überzeugung, dass selbst nach einer Neubewertung letztlich kein anderes Endergebnis zu erwarten sei.

In Fachkreisen wird dieses Urteil der „Blitzschlag aus Karlsruhe" genannt. Denn dieses Urteil stellt vieles infrage, was Widerspruchsbehörden und Gerichte jahrzehntelang über den Beurteilungsspielraum bei Prüfungen verkündet haben.

Auch die Vorwürfe, die das BVerfG den unteren Instanzen ins Stammbuch schreibt, sind nicht von schlechten Eltern. Ein derartig harte Kritik („Willkür") findet man beim ehrwürdigen BVerfG ausgesprochen selten. Die Damen und Herren müssen also richtig sauer auf die unteren Instanzen bzw. auf die Prüfer gewesen sein. Da hätte ich bei den Beratungen im Hinterzimmer gerne Mäuschen gespielt.

Um nicht zu verzweifeln, darf man gar nicht darüber nachdenken, dass es Rechtslehrer waren, die mit ihrer beharrlichen Fehlentscheidung allen anderen ganz schön was eingebrockt haben. Durch ihre Überheblichkeit, gestützt auf die Annahme, der Beurteilungsspielraum von Prüfern sei unantastbar, haben sie genau das Gegenteil erreicht. Danke schön!

Noch eine Bemerkung: Eigentlich waren es zwei unterschiedliche Fälle mit Jurastudenten aus Niedersachsen und Hamburg, die das BVerfG hier zu einer Entscheidung zusammenführt. Kurze Zeit später gab es noch den Fall eines Medizinstudenten, der durch eindeutig mehrdeutige Multiple-Choice-Fragen seine Prüfung nicht bestand. Dort wiederholte das BVerfG noch einmal seine gerade veröffentlichten Richtlinien.

Da dieses Urteil sich nur auf Abschlüsse bezieht, die einen *Berufszugang* ermöglichen, ist es für die Schule sicher nicht zentral. Trotzdem sollten Sie es kennen. Schließlich ist das Abitur eine solche Prüfung, und auch nicht bestandene Abschlussprüfungen nach der 10. oder 9. Klasse können Wege in einen Beruf versperren. Und genau dort haben wir in der Schule eine vergleichbare Situation.

Damit wir uns nicht missverstehen: Nicht jeder Schüler kann jetzt bei einer normalen Klassenarbeit einen Sachverständigen einfliegen lassen, weil er sich ungerecht bewertet fühlt. Es muss sich um eine *berufsentscheidende Prüfung* handeln, und der Kandidat (nicht Sie!) muss nachweisen, dass seine Ansicht ebenfalls vertretbar ist und auch von *qualifizierten Autoren* geteilt wird, z.B. anhand von Fachliteratur. Schlichte Behauptungen oder umstrittene Thesen von Laien aus dem Internet genügen dafür nicht.

Weil das Urteil sehr kompliziert verfasst ist, kennt es (trotz seiner Brisanz) kaum jemand, von einigen Insidern einmal abgesehen. Zudem dürfte es extrem selten sein, dass Schüler fachlich besser informiert sind als ihre Lehrer. Aus diesen Gründen sind gutachterliche Überprüfungen in der Schule (z.B. beim Abitur) bisher noch nicht angekommen. Damit das möglichst lange so bleibt, sollten Sie also Ihr Wissen über dieses Urteil kritischen Schülern gegenüber nicht an die große Glocke hängen. Schließlich reicht es, wenn Sie, ich und einige Eingeweihte es kennen.

42 Informationsrecht der Eltern bei Versetzungsgefährdung

Sachverhalt: Es war einmal ein Realschüler, der unfreiwillig die 7. Klasse bereits zum zweiten Mal besuchte. Das Schuljahr neigte sich wieder einmal dem Ende entgegen, und die Versetzungskonferenz stand an. Der besagte Schüler erhielt in Englisch und Biologie jeweils eine Fünf, von denen er aber nur die eine in Englisch ausgleichen konnte. Denn er war leider zusätzlich in Religion von Zwei auf Vier gerutscht, sodass über dieses Fach nun kein Ausgleich für Biologie mehr möglich war. Die Konferenz versetzte ihn nicht, folglich sollte er die Realschule verlassen und eine Hauptschule besuchen.

Allerdings gab es auf dem Weg zu dieser definitiven Entscheidung ein paar formale Schönheitsfehler: Weder zum Ende des ersten Schulhalbjahrs noch bis sechs Wochen vor den Zeugniskonferenzen hatte man den Schüler gewarnt bzw. seine Eltern über die Versetzungsgefährdung ihres Kindes informiert, obwohl dies ausdrücklich in der Versetzungsordnung vorgesehen war. Und auch der Notensprung in Religion von Zwei auf Vier, durch den eine Ausgleichsmöglichkeit wegfiel, war laut Protokoll der Versetzungskonferenz nicht begründet worden.

Die Eltern legten Widerspruch gegen die Nichtversetzung ein. Dieser wurde abgelehnt, und die Angelegenheit ging vor das Verwaltungsgericht. Parallel erreichten die Eltern zunächst, dass ihr Kind während des Verfahrens (unter Vorbehalt) die 8. Klasse der Realschule besuchen durfte. Dort gelang es ihm aber nicht, erfolgreich mitzuarbeiten, somit wurde er auf die Hauptschule überwiesen, in der er aber ebenfalls Schwierigkeiten hatte.

Dessen ungeachtet forderten die Eltern vor dem Verwaltungsgericht, ihr Kind zu versetzen. Zur Begründung stützten sie sich auf die Mängel im Verfahren. Sie führten aus: Der Notensprung in Religion könne, da er in der Konferenz offensichtlich nicht begründet wurde, keinen Bestand haben. Somit sei ein zweiter Ausgleich vorhanden, und man müsse ihren Sohn versetzen. Auch sei die Möglichkeit einer Nachprüfung nicht angemessen in Erwägung gezogen worden.

Vor allem aber sei die Nichtversetzung zu beanstanden, weil man die Eltern nicht, wie in der Verordnung vorgesehen, über die Gefährdung informiert habe. Wäre dies geschehen, so hätten sie pädagogische Maßnahmen ergriffen oder ihrem Kind Nachhilfeunterricht erteilen lassen.

Trotz dieser unbestrittenen Mängel lehnte das VG die Forderung der Eltern auf eine Versetzung ab. Die Eltern klagten sich daraufhin in den Instanzen nach oben, bis sie beim Verwaltungsgerichtshof ankamen. Dort trugen sie noch einmal ihre gewichtigen Argumente vor.

Gleichwohl lehnte auch der VGH die Beschwerde der Eltern ab, und zwar aus folgenden Gründen: Die Begründung für die Verschlechterung der Religionsnote sei zwar nicht im Protokoll enthalten, die Fachlehrerin habe diese jedoch telefonisch nachgereicht und ausreichend begründet: Im ersten Halbjahr habe der Schüler noch von seinem Wissensvorsprung profitiert und gut mitgearbeitet, im zweiten Halbjahr sei seine Mitarbeit jedoch gegen Null geschrumpft.

Bezüglich einer Nachprüfung sei festzustellen, dass im Protokoll eine Rubrik für diese Frage bestehe. Dort sei die Möglichkeit einer Nachprüfung verneint worden. Hieraus könne geschlossen werden, dass die Konferenz sich mit der Frage auseinandergesetzt habe.

Zum Hauptvorwurf der unterlassenen Benachrichtigung bzw. Warnung erklärte der VGH: Die Basis für eine Versetzung bzw. eine Nichtversetzung sei *allein das Notenbild* des Schülers. An der Richtigkeit der Noten jedoch gebe es keinen Zweifel. Schließlich hätten die Kläger nicht das Zustandekommen der Fünfen beanstandet, sondern lediglich die Tatsache, hierüber nicht rechtzeitig informiert worden zu sein.

Aus der Nichtbeachtung der Vorschrift für eine Warnung könne nicht geschlossen werden, dass ein Schüler ungeachtet seines Leistungsstandes zu versetzen sei. *Grundlage sei immer der objektiv erreichte Leistungsstand* und nicht ein fiktiv möglicher. Das Argument einer möglichen Nachhilfe könne deshalb unberücksichtigt bleiben.

Unabhängig von der Verordnung sei es *Sache der Eltern, von sich aus* durch ständigen Kontakt mit dem Kind und der Schule in Erfahrung zu bringen, ob die Versetzung gefährdet sei.

Weder aus dem Elternrecht des Art. 6 GG noch aus dem Grundrecht des Schülers folge ein einklagbarer Rechtsanspruch auf Unterrichtung über den schulischen Leistungsstand, auch nicht im Falle einer Versetzungsgefährdung. Selbst wenn dies so wäre, könnte aus einer Verletzung dieser Pflicht kein Anspruch auf Versetzung hergeleitet werden.

Entscheidung des VGH Hessen, Beschluss vom 08. 02. 1993:
Wird die vorgeschriebene Warnung bezüglich einer Nichtversetzung unterlassen, so folgt daraus noch kein Anspruch auf eine Versetzung.

Kommentierung: Hätten Sie's gedacht? Und da soll noch einer sagen, die Juristen stünden parteiisch auf der Seite von Schülern und Eltern. Das machen eher moderne kundenorientiert angehauchte Schulleiter, die gerne im Kollegium das Gerücht verbreiten, man könne niemanden sitzenlassen, der nicht zuvor gewarnt worden sei. Ein Schelm, wer Böses dabei denkt. Natürlich machen sie das nicht, damit möglichst viele Schüler versetzt werden und die Bilanz der Schule nach außen hin gut aussieht. Sie wissen es vermutlich einfach nicht besser.

Vielleicht wollen sie aber auch die Kollegen vor unangenehmen Konsequenzen bewahren. Denn das Versäumnis, den Schüler zu warnen bzw. die Eltern zu informieren, ist natürlich ein Verstoß gegen die Amtspflicht, z.B. des Klassenlehrers. Aus diesem Verstoß können durchaus disziplinarrechtliche Maßnahmen erfolgen. Das Versäumnis der Benachrichtigung rechtfertigt aber nicht eine Versetzung, wie Sie jetzt wissen.

Auch die Kultusministerien schieben gerne gegen besseres Wissen den hochbelasteten Lehrern die moralisch-pädagogische Pflicht zu, die Eltern ihrer etwa 200 Schüler quasi ständig auf dem Laufenden zu halten. Das ist populär und kommt bei den Eltern, die ja auch wertvolle Wähler sind, gut an. Informiert zu werden ist eben viel bequemer, als sich selbst zu informieren. Diese Haltung der ministeriellen Bildungsfunktionäre im Sinn, forderte eine moderne selbstbewusste Mutter vor kurzem eine junge Kollegin auf, sie doch bitte einmal wöchentlich telefonisch über den aktuellen Leistungsstand ihres Sprösslings zu unterrichten. Diese Mutter beherrscht die wichtigste moderne Kulturtechnik: das Abwälzen von Arbeit.

Wegen dieser um sich greifenden Tendenz ist es erfrischend und wohltuend, von einem nicht ganz unwesentlichen Verwaltungsgericht (immerhin dem VGH!) zu hören, dass es eigentlich die *Aufgabe der Eltern* ist, sich über den Leistungsstand ihrer Kinder zu informieren. Das deckt auch unser Grundgesetz, wenn es in Art. 6 festlegt, die Erziehung der Kinder sei die vorrangige Pflicht der Eltern.

Damit wir uns nicht missverstehen: Ich plädiere nicht dafür, Schüler nicht zu warnen bzw. Eltern nicht zu informieren. Beides ist sinnvoll, unabhängig davon, dass es in fast allen Versetzungsordnungen vorgeschrieben ist. Aber man sollte es nicht übertreiben und den Eltern nicht alles abnehmen.

Und wenn ein Schüler objektiv schwach ist, sollte man ihm auch eine Wiederholung verordnen oder ihn endlich auf die Schulform überweisen, die ihm angemessen ist. Denn man würde dem Betreffenden einen Bärendienst erweisen, versetzte man ihn nur wegen eines Formfehlers. Auf eine solch abstruse Idee kommen nicht einmal Juristen, sondern nur engstirnige Bildungsbürokraten. Hingegen sollten Pädagogen, die ihren Beruf ernst nehmen, nicht wegen eines Formfehlers einknicken.

Anders als das vorige Urteil sollten Sie dieses auf keinen Fall nur für sich behalten. Teilen Sie es möglichst vielen Kollegen mit, damit die Versetzungskonferenz im Bedarfsfall – selbst bei vergessener Warnung – sich durchringen kann, die entsprechende Konsequenz zu ziehen. Allerdings muss auch jemand den Mut finden, für das Versäumnis den Kopf hinzuhalten. Aber so schlimm wird es nicht werden. Dafür geht niemand ins Gefängnis.

Ordnungsmaßnahmen

Last, but not least kommen wir zu dem Bereich, der Lehrer psychisch am stärksten belastet. Gemeint ist die Disziplinlosigkeit vieler Schüler und leider auch einiger Schülerinnen. Da viele Eltern nicht mehr hinter der Schule und ihren Zielen stehen, sondern sich nur noch als Kumpel ihrer Kinder verstehen, wird es immer schwieriger, Verhaltensänderungen bei problematischen Schülern zu bewirken. Zudem sollen laut Vorgabe von oben nicht nur leistungsschwache, sondern auch leistungsunwillige Schüler um jeden Preis in der Gruppe gehalten werden.

So wird der Schulalltag zum Überlebenskampf, in dem die Lehrkräfte oft als Dompteur fungieren müssen. Durch die häufige Disziplinierung von Schülern geht wertvolle Unterrichtszeit verloren. Verzichtet man auf disziplinierende Eingriffe, ist ein ergiebiger Unterricht so gut wie nicht möglich. Allenfalls über ständige Bespaßung ist das absolute Minimum zu vermitteln.

Aber genug gejammert. Manchmal geht es nicht anders, und man muss als Lehrkraft disziplinarisch eingreifen, um die Rechte der Ruhigen und Arbeitswilligen zu schützen. Weil solche Maßnahmen immer – mehr oder weniger stark – in die Rechtssphäre des Disziplinierten eingreifen, ist mit Widerstand zu rechnen. Gerade die Eltern problematischer Schüler haben eine Rechtsschutzversicherung (sie wissen schon warum) und wollen für ihre bezahlten Beiträge auch anwaltliche Gegenleistungen sehen. Diese schlagen sich in Form von bösen Briefen an die Schule nieder, in denen regelmäßig behauptet wird, die Maßnahme des Lehrers oder der Schule gegen den Störer sei in hohem Maße unzulässig. Solche Briefe lassen sich deutlich gelassener ertragen, wenn man weiß, wie Anwälte arbeiten und wie die Gerichte in ähnlichen Fällen entschieden haben.

Wie nun arbeiten Anwälte? Ich habe Freunde in der Branche und kann daher ein wenig aus dem Nähkästchen plaudern. Einer vertraute mir einmal an: „Wenn ich einen Mandanten vertrete, bestreite ich wirklich *alles*, was auch nur im Entferntesten gegen ihn sprechen könnte."

Machen Sie sich bitte klar, dass der Anwalt, der den bösen Brief an die Schule schreibt, nicht der Wahrheit verpflichtet ist. Um die Wahrheitsfindung bemüht sich das Gericht, wenn es denn zu einem Prozess kommt. Der Anwalt hingegen ist zu 100 % parteiisch, denn dafür wird er bezahlt. Nehmen Sie also die unverschämten Vorwürfe gegen Sie nicht persönlich – oder versuchen Sie es zumindest. Sie sind einfach zufällig die Gegenseite seines Klienten. Nach einem Prozess können Sie in aller Regel mit dem gegnerischen Anwalt entspannt einen Kaffee trinken, und zwar unabhängig davon, wie der Prozess ausgegangen ist. No hard feelings. Jeder versucht halt, seinen Job so gut wie möglich zu machen.

Damit Sie die Jungs verstehen: Das Ziel des Anwalts ist nicht die Suche nach der objektiven Wahrheit, es geht nur darum, für seinen Mandanten möglichst viel herauszuholen. Und für den ist es am besten, die Schule so einzuschüchtern, dass sie bereits im Vorfeld eines Prozesses nachgibt.

Damit das nicht häufiger als nötig passiert, folgen jetzt einige zentrale Urteile zu dem, was die Schule bzw. ihre Lehrkräfte dürfen. Sie geben Ihnen für viele Entscheidungen pädagogisch-juristische Rückendeckung und sorgen für einen ruhigen Schlaf.

43 Umsetzen störender Schüler

Sachverhalt: Es war einmal ein sparsam sozialisierter Erstklässler, der ständig seine Banknachbarn störte. Nachdem die Klassenlehrerin ihn mehrfach erfolglos ermahnt hatte, setzte sie ihn innerhalb der Klasse um. Das missfiel nicht nur ihm, sondern auch seinen Eltern, insbesondere seinem Vater. Die Eltern baten um einen Gesprächstermin mit der Lehrerin und versuchten, die Maßnahme gegen ihren Sohn rückgängig zu machen.

Als die Kollegin sich darauf nicht einließ, klagte der Vater einen Tag später vor Gericht (die Mutter schloss sich der Klage nicht an). Er beantragte im Rahmen des vorläufigen Rechtsschutzes die sofortige Rückumsetzung seines Sohnes, bis die Angelegenheit in der Hauptsache entschieden sei. Zur Begründung trug er vor, sein Sohn sei grundlos umgesetzt worden. Zudem verletze die Maßnahme in erheblichem Umfang pädagogische Grundsätze. Sein Kind sei danach von den Mitschülern ausgelacht und gehänselt worden und gehe nur noch weinend zur Schule.

Das Gericht lehnte die Klage nicht nur ab, sondern erklärte sie von vornherein für unzulässig (mehr dazu gleich unten). Zum einen deshalb, weil die Mutter der Klage nicht beigetreten sei, das Prozessführungsrecht aber nur beiden Elternteilen gemeinsam zustehe. Zum anderen weil die angefochtene Umsetzung eine *rein pädagogische Maßnahme* sei, die der verwaltungsgerichtlichen Kontrolle entzogen sei. Eine einstweilige Anordnung, um vorläufigen Rechtsschutz zu gewähren, sei deshalb nicht erforderlich und nicht zulässig.

Trotz dieser grundsätzlichen Ablehnung ging das Gericht, vermutlich um den Eltern einen notwendigen Erkenntnisgewinn zu verschaffen, auf die Sache ein. Die Umsetzung eines störenden Schülers innerhalb einer Klasse stelle nur eine geringfügige Beeinträchtigung dar, weil Kontakte zu früheren Tischnachbarn nur während des Unterrichts, nicht aber während der Pausen oder der Freizeit unterbunden würden. Die Umsetzung auf einen anderen Platz erzeuge auch keinen besonderen Leidensdruck: Nach Darstellung der Klassenlehrerin sei der Schüler von seinen Mitschülern weder ausgelacht noch gehänselt worden.

Im Übrigen liege die Platzverteilung innerhalb einer Klasse in der eigenen pädagogischen Verantwortung der Lehrkraft. Die Umsetzung eines störenden Schülers gegen seinen Willen sei ein gebräuchliches und zulässiges Erziehungsmittel, um den Unterricht störungsfrei zu gestalten.

Entscheidung des VG Braunschweig, Beschluss vom 05.01.1989:
Die Umsetzung eines Schülers innerhalb der Klasse (gegen seinen Willen) stellt nur eine geringfügige Beeinträchtigung dar und ist damit der verwaltungsgerichtlichen Kontrolle entzogen.

Kommentierung: Na bitte! Gewinnen ist schöner als verlieren. Der Kollegin sei nicht nur der gerichtliche Erfolg gegönnt, sondern auch der deutliche Rückgang der Störungen nach dieser Umsetzung des Schülers. Sie konnte demnach vor Gericht den Erfolg ihrer Maßnahme belegen.

Nun erkläre ich noch den Unterschied zwischen einer un*begründeten* und einer un*zulässigen* Klage. Nichtjuristen sind oft verwirrt, wenn sie am Beginn eines Urteils lesen, die offensichtlich völlig hirnrissige Klage sei *zulässig*. Dies besagt aber nur, dass es in dieser Angelegenheit möglich ist, ein Gericht anzurufen. Und weil es nicht mehr bedeutet, ist bei etwa 80% aller Klagen die Zulässigkeit gegeben, vor allem dann, wenn ein Anwalt die Kläger vertritt.

Schon ein paar Zeilen darauf folgt dann meist der wirklich entscheidende Satz, dass nämlich die Klage *unbegründet* ist. Jetzt wird die (völlig aussichtslose) Klage *in der Sache* abgelehnt. In unserem Fall brauchte auf die Begründetheit der Klage (ich weiß, es ist ein komisches Wort) nicht geprüft zu werden, da die Klage von vornherein unzulässig und deshalb zurückzuweisen war.

Beim Blick auf den „Kopf" des Urteils haben Sie vermutlich festgestellt, dass es sich um ein recht altes Urteil handelt, noch dazu um eines aus der unteren Instanz (VG). Vielleicht haben Sie sich gefragt, warum ich Ihnen für Ihr gutes Geld nicht mehr biete. Zumindest das Urteil eines Oberverwaltungsgerichts hätte man schon erwarten können, am besten natürlich des BVerwG und zwar am liebsten ein Urteil, das nicht älter als fünf Jahre ist. Es tut mir leid, mehr kann ich Ihnen hier nicht bieten. Aber dafür gibt es einen guten Grund: Einigermaßen vernünftige oder rechtlich gut beratene Eltern kommen eben gar nicht auf die Idee, wegen einer solchen Lappalie zu klagen, weil ihnen die Aussichtslosigkeit klar ist. Und spätestens nach dieser brüsken Ablehnung eines solchen Ansinnens durch ein Gericht hat niemand mehr Wert darauf gelegt, sich vor Gericht eine blutige Nase zu holen – und die Kosten des Verfahrens zu tragen. Denn schließlich würde heute keine Rechtsschutzversicherung mehr einen so aussichtslosen Prozess finanzieren. Aus diesem Grund gibt es kein BVerwG-Urteil zum Umsetzen eines Schülers. Die Sache ist abschließend geklärt.

Dieses Urteil habe ich an den Anfang des Kapitels gestellt, damit den jungen Kollegen einmal klar wird, wer in der Schule was darf. Einige Pädagogikprofessoren tun ja fast so, als würde man gegen die Menschenwürde verstoßen oder unheilbare seelische Schäden verursachen, wenn man zwei störende Schüler auseinandersetzt. Auch manche Eltern tun so, als würden hierdurch Freundschaften fürs Leben von herzlosen Lehrern grausam zerrissen.

Gerade aber störende Schüler sind nach meiner Erfahrung nicht so sensibel, dass sie unter einer solchen Maßnahme leiden und ihnen deshalb Chips und Cola nicht mehr schmecken. Aber vermutlich sehe ich nur die Fassade und erkenne nicht die zarten, zerbrechlichen Wesen, die sich dahinter verbergen.

Glücklicherweise bin ich nicht allein, denn die gefühllosen Gerichte sehen das Problem ähnlich wie ich. Und aus dem Urteil wird klar, dass die Platzverteilung in einer Klasse sich nicht nach den Wünschen und persönlichen Vorlieben der Schüler richtet („Ich will aber nur neben Karlheinz sitzen!"). Grundlage für die Platzverteilung sind vorrangig Überlegungen der Lehrkraft für einen möglichst effektiven und störungsarmen Unterricht. Und wenn die vielerorts praktizierte freie Platzwahl durch die Schüler nicht funktioniert, dann wird eben umgesetzt, und zwar möglichst bald. Dieses grundlegende Recht der Lehrer, das die Hochschulen gern übergehen, scheint sich in den Schulen allmählich herumzusprechen.

Ich kenne bereits einige Schulen, bei denen von vornherein die Sitzordnung der Schüler festgelegt ist, um irgendwelche Cliquen aufzulösen oder gar nicht erst entstehen zu lassen. Nach der einen Variante wird abwechselnd ein Junge neben ein Mädchen gesetzt, nach der anderen sitzen die Schüler in alphabetischer Reihenfolge. Sie können gerne ein anderes Prinzip wählen. Entscheidend ist, dass Sie wissen, wer die Sitzordnung bestimmt: weder die Schüler noch ihre Eltern, sondern *Sie* als Lehrkraft.

44 Verweisen eines Schülers aus dem Klassenraum

Sachverhalt: Der 13-jährige Schüler N. sollte von seinen Eltern ins Internat gegeben werden. Vor dem Schuleintritt bekamen die Eltern den Schulprospekt ausgehändigt, in dem vermerkt war, diese Schule sei für schwer erziehbare Kinder oder solche, die eine psychologische Sonderbehandlung brauchen, nicht der richtige Ort.

Beim Gespräch zum Schuleintritt mit dem Schulleiter S. und seiner Frau erklärten die Eltern, ihr Kind sei sensibel und etwas labil. Daraufhin sagte die Frau von S., man werde das Kind „unter die Fittiche" nehmen und das Mögliche für ihn tun. Anschließend besuchte der Schüler das Internat, ohne dass es in den ersten Monaten irgendwelche Auffälligkeiten gab.

Dann erfolgte eine Religionsstunde bei Lehrer A. (Student der Theologie). Während des Unterrichts störte N. so stark, dass A. sich gezwungen sah, ihn aus dem Klassenraum zu verweisen. Er sagte ihm allerdings nicht, er müsse sich vor der Tür aufhalten. N. verließ den Klassenraum, ging in den benachbarten Wohn- bzw. Schlafraum und stürzte aus elf Metern Höhe aus dem Fenster. Beim Sturz zog er sich mehrere schwere Verletzungen zu, musste für insgesamt acht Monate ins Krankenhaus und war hinterher nur noch zu 50% arbeitsfähig.

Die Eltern verklagten die Schule bzw. den Lehrer vor dem Landgericht und forderten zivilrechtlichen Schadensersatz. Sie warfen der Schule vor, sie habe ihre **Aufsichtspflicht** verletzt. Zum einen sei das nur 70 cm über dem Fußboden befindliche Fenster nicht ausreichend gesichert, sodass der Sohn, als er das Gleichgewicht verlor, herausfallen konnte. Zum anderen aber sei die Verweisung aus dem Klassenraum eine äußerst gravierende Verletzung der Aufsichtspflicht. Die Schule habe die besondere Situation ihres Kindes nicht wie vereinbart berücksichtigt. Die Lehrkräfte seien vom Schulleiter nicht angewiesen worden, ihr Kind stets im Auge zu behalten. Auch der Einsatz eines Studenten als Lehrkraft sei in diesem Zusammenhang pflichtwidrig gewesen. Wenn dieser schon N. aus dem Klassenraum verweise, hätte er ihm aufgeben müssen, vor der Tür zu bleiben.

Die Schulleitung trug vor, A. habe schon wiederholt an der Schule unterrichtet und sei sehr ruhig und vernünftig. Die Verweisung aus dem Klassenraum sei im Interesse der anderen Schüler notwendig gewesen. Dass hinausgewiesene Schüler sich vor dem Klassenraum aufzuhalten haben, sei selbstverständlich und müsse nicht besonders angeordnet werden.

Das Landgericht wies die Klage der Eltern ab, mit folgender Begründung: Die Schulleitung habe den Eltern keine besonderen Zusagen gemacht. Auch habe der Lehrer seine Aufsichtspflicht nicht verletzt, als er den Schüler aus dem Raum gewiesen habe.

Daraufhin gingen die Eltern in die Berufung vor das Oberlandesgericht. Da sich inzwischen durch eine Überprüfung herausgestellt hatte, dass das besagte Fenster sich tatsächlich 110 cm über dem Fußboden befand, verzichtete man auf das Argument der ungenügenden Sicherung. Stattdessen variierte man den Grund für das Hinausfallen. Jetzt wurde geltend gemacht, der Sohn habe sich aus Verzweiflung aus dem Fenster gestürzt, weil er sich von der Lehrkraft ungerecht behandelt fühlte.

Selbst diese Behauptung verhalf den Eltern nicht zum Erfolg, denn das OLG wies die Berufung zurück. Dazu führte es aus: Die Eltern hätten den ursächlichen Zusammenhang zwischen der Verweisung aus dem Klassenraum und dem Fenstersturz nicht schlüssig bewiesen. Es liege außerhalb jeder Lebenserfahrung, dass sich ein Schüler aus dem Fenster stürzt, nur weil er verzweifelt darüber ist, vorübergehend aus dem Klassenraum verwiesen worden zu sein – selbst wenn er etwas labil ist. Der Schüler habe sich während der Vergangenheit in der Schule unauffällig verhalten. Folglich habe es keinen Anlass gegeben, von einer Krisensituation auszugehen. Die Zusage an die Eltern, man werde ein Auge auf ihr Kind haben, stelle keine verbindliche Zusicherung dar, sondern sei lediglich als Beruhigung einer besorgten Mutter gedacht.

Zu einer möglichen Verletzung der Aufsichtspflicht durch die Lehrkraft stellten die Richter fest: Da die Selbstverantwortung der Schüler gefordert werden solle, müsse ein Lehrer nicht ständig alle Schüler beaufsichtigen. Er dürfe damit rechnen, dass sich ein durchschnittlicher Schüler ordnungsgemäß und vernünftig verhalte, wenn er aus der Klasse gewiesen werde. Der typische Aufenthaltsort eines solchen Schülers sei im Regelfall vor der Tür und bedürfe daher keiner besonderen Erwähnung.

Der Vorschlag der Eltern, die Tür geöffnet zu lassen, sei wirklichkeitsfremd. Dadurch würde dem Schüler die Möglichkeit eröffnet, hinter dem Rücken des

Lehrers Grimassen zu ziehen und so die Mitschüler zum Lachen zu bringen. Aus all diesen Gründen sei der Klage der Eltern kein Erfolg beschieden.

Entscheidung des OLG Stuttgart, Urteil vom 08.12.1971:
Ein Lehrer verletzt seine Aufsichtspflicht nicht, wenn er einen 13-jährigen Schüler wegen Störung des Unterrichts aus der Klasse verweist.

Kommentierung: Auch dieses Urteil sollte Sie beruhigen, falls Sie sich einmal gezwungen sehen, einen wiederholt störenden Schüler vor die Tür zu weisen. Aber Vorsicht, das gilt nicht uneingeschränkt. Der besagte Schüler war in der Schule bislang noch nicht als problematisch bzw. grundsätzlich ungehorsam aufgefallen – und er war immerhin schon 13 Jahre alt.

Bei anderen Voraussetzungen (z.B. ADHS) sind folglich „Sicherungen" einzubauen. Auch bin ich mir nicht sicher, ob ein Gericht heute noch genauso entscheiden würde. Trotz der immer wieder propagierten Eigenverantwortlichkeit der Schüler werden nämlich die Anforderungen an die Schule zwecks Beaufsichtigung und Absicherung immer weiter erhöht. Das Urteil stimmt sicher noch in der Tendenz, Sie sollten es aber nicht 1:1 übertragen.

Schließlich haben die Eltern bzw. ihr Anwalt einige Fehler gemacht, die für den Ausgang des Prozesses sicher nicht ganz unwesentlich waren. Erster Fehler: Man sollte vor Gericht nicht Dinge behaupten, die nachweislich falsch sind. Der Vorwurf, das ungesicherte Fenster sei nur 70 cm über dem Fußboden, obwohl es 40 cm mehr sind, lassen berechtigte Zweifel am Realitätsbezug der Kläger aufkommen.

Schlimmer ist der zweite Fehler: Das *Nachschieben* von neuen Gründen, nachdem man in der ersten Instanz verloren hat, richtet meist mehr Schaden an, als es Nutzen bringt. Wenn man die Position vertreten will, der Schüler habe sich aus Verzweiflung aus dem Fenster gestürzt, dann sollte dieser schwere Vorwurf auch von Anfang an vorgebracht werden. Aber zurück zum Wesentlichen, d.h. zur Verweisung eines Schülers aus dem Klassenraum.

Tipp: Um auf der sicheren Seite zu sein, sollte einiges beachtet werden: Auch ansonsten unproblematische Schüler sollten immer darauf hingewiesen werden, dass sie vor bzw. neben der Tür zu bleiben haben.

Bei leichten Bedenken, ob der Schüler der Anweisung folgt, kann man folgenden Trick anwenden: Man lässt den Schüler von außen die Türklinke (wenn es eine gibt) herunterdrücken, um von innen zu sehen, ob er noch dort steht. Bei schweren Bedenken sollte man den störenden Schüler durch den Klassensprecher ins Sekretariat (oder zum Schulleiter) bringen lassen. Wer so handelt, hat als Lehrer zur Beaufsichtigung alles getan, was er tun konnte und setzt sich keinem Vorwurf aus.

45 Festhalten im Klassenraum

Sachverhalt: Mehrere muntere Schüler einer 8. Klasse warfen gegen Ende der letzten Schulstunde (Kunst) im „Keramikraum" mit kleinen Tonkügelchen. Diese fielen auf den Boden, blieben aber auch dekorativ an der Wand kleben. Für den Lehrer, der kurz im Nachbarraum weilte, war in dem Durcheinander nicht erkennbar, wer geworfen hatte und wer nicht. Da sich niemand zu den Verschmutzungen bekannte und auf freiwilliger Basis keine Reinigung erfolgte, versperrte der Kollege die Tür und hielt die Schüler an, erst gemeinschaftlich den Raum zu säubern.

Nach anfänglichen Protesten einiger Schüler, zu denen auch der später klagende Schüler gehörte, fügten sich die Schüler murrend und reinigten den Raum von den Verschmutzungen. Danach entließ der Lehrer die Klasse, etwa 15 Minuten nach dem planmäßigen Unterrichtsende. Einige Schüler, darunter auch der später klagende Schüler, versäumten daraufhin ihre Busse und kamen erst deutlich später zu Hause an.

Der besagte Schüler, d.h. seine Eltern, verklagten die Schule bzw. den handelnden Lehrer wegen eines unzulässigen Eingriffs in die körperliche Bewegungsfreiheit (**Freiheitsberaubung**). Dieser wiege umso schwerer, weil ihr Kind gegen das Versperren der Tür sofort protestiert habe. In dem Protest des Sohnes sei ein Widerspruch gegen die geplante Maßnahme zu sehen, der eine aufschiebende Wirkung begründe. Auch habe man die Eltern vor dieser belastenden Maßnahme nicht angehört.

Dieser Argumentation folgte weder das erste noch das Berufungsgericht, und zwar mit folgenden Gründen: Die Schüler seien verpflichtet, schulisches Eigentum pfleglich zu behandeln. Zum Erziehungsauftrag der Schule gehöre es auch, die Folgen von Pflichtwidrigkeiten durch die Schüler beseitigen zu lassen. Bei diesen Anweisungen handele es sich *nicht* um Regelungen im Sinne eines *Verwaltungsaktes*, der ernsthafte Rechtsfolgen für Schüler auslöse. Vielmehr seien solche Maßnahmen **schlichtes Verwaltungshandeln,** also ein pädagogisch geprägter **Realakt**.

Das Verbot, die Schule vor dem Aufräumen zu verlassen, berühre zwar die körperliche Bewegungsfreiheit, aber nicht in so hohem Maße, dass es sich dabei um eine Freiheitsentziehung handeln würde. Denn auch die mit der Schulpflicht verbundene Anwesenheitspflicht beschränke zulässig die Bewegungsfreiheit. Die Tatsache, dass der Lehrer die Tür versperrt habe, führe zu keiner anderen Betrachtung, da es sich bei 15 Minuten um eine geringfügige Zeitspanne handele.

Die Rügen bezüglich der fehlenden Anhörung der Eltern und der aufschiebenden Wirkung des angeblichen Widerspruchs durch den Schüler überzeugten nicht, weil kein Verwaltungsakt vorliege. Hinsichtlich der Frage, ob die Eltern bei dieser Maßnahme hätten benachrichtigt werden müssen, besitze der Lehrer einen weiten pädagogischen Spielraum. Dieser sei nicht überschritten worden, zumal sich die Folgenbeseitigung unmittelbar an das Fehlverhalten der Schüler anschloss. Die Entscheidung des Lehrers, den Umfang des Aufräumens nicht exakt nach dem individuellen Beitrag des Fehlverhaltens bemessen zu haben, sondern die Gruppe geschlossen zurückgehalten zu haben, sei kein Verstoß gegen den Gleichheitsgrundsatz. Die Anforderungen hieran dürften in einer solchen Situation nicht überspannt werden.

Entscheidung des OVG Schleswig, Urteil vom 05.11.1992:
Pädagogische Maßnahmen mit geringen Auswirkungen auf die Schüler sind keine Verwaltungsakte. Die Weisung eines Lehrers an seine Schüler, den von ihnen verschmutzten Raum zu säubern, und die Durchsetzung dieser Weisung durch Versperren der Tür sind rechtmäßig.

Kommentierung: Na also! Nach diesem erfreulich praxisnahen Urteil soll noch einer sagen, Juristen hätten kein Verständnis für geplagte Lehrer. Das lässt hoffen.

Damit der entscheidende Punkt nicht untergeht, sei er hier noch einmal deutlich ausgeführt.

Es gibt **Verwaltungsakte**, gegen die man Widerspruch einlegen bzw. später auch klagen kann. Die Schwelle zum Verwaltungsakt liegt aber relativ hoch. Nicht jedes Handeln der Schule bzw. ihrer Lehrer ist ein Verwaltungsakt.

Einige Leser erinnern sich vielleicht noch an die Merkmale eines Verwaltungsaktes, den anderen sei es noch einmal genannt: Als Verwaltungsakt definieren Juristen jede

- erhebliche Entscheidung,
- die eine Behörde (hier die Schule)
- mit Rechtswirkung nach außen
- in einem Einzelfall fällt.

Schon das Festhalten einer Gruppe lässt Zweifel aufkommen, inwieweit das Merkmal des Einzelfalls erfüllt ist. Wichtiger ist jedoch, dass es sich um eine Entscheidung von *erheblichem* Gewicht handeln muss, damit ein Verwaltungsakt bejaht wird. Und im obigen Fall hat das Gericht festgestellt, dass ein kurzes Festhalten unterhalb der Grenze der Erheblichkeit liegt. Allerdings wäre ein endlos langes Festhalten der Schüler nicht mehr gerechtfertigt gewesen.

Nur am Rande sei bemerkt: Auch die Note einer Klassenarbeit ist kein Verwaltungsakt und damit nicht mit Widerspruch und Klage anzufechten (vgl. dazu Urteil 30).

Natürlich wollen jetzt einige Kollegen auf die Minute genau wissen, wie lange man Schüler im Klassenraum festhalten darf. Dürfen es auch 17 Minuten und 30 Sekunden sein? Ich weiß es nicht, und das Gericht sagt schlauerweise ebenfalls nichts zu diesem Punkt. Die Gerichte entscheiden immer nur, ob das Verhalten des Lehrers im vorliegenden konkreten Fall zulässig war oder nicht. Es hängt eben immer von den Umständen ab. Aber das Gericht hat aus gutem Grund den Spielraum des Lehrers bei seiner Entscheidung betont und würde deshalb nie ein festes Zeitlimit setzen. Mehr dazu gleich unten bei den Varianten.

Also, die o.g. Maßnahme des Lehrers ist kein Verwaltungsakt, bei dem bestimmte Formalien eingehalten werden müssten, sondern nur schlichtes Verwaltungshandeln. Ich finde es sehr beruhigend zu wissen, dass der Großteil der Entscheidungen, die Lehrer und Lehrerinnen täglich treffen, ebenfalls dazugehört.

Auch wenn Sie Schüler weggeworfenes Papier aufheben lassen, ist dies kein anfechtbarer Verwaltungsakt, sondern schlichtes Verwaltungshandeln. Daher müssen die Schüler Ihren Anweisungen folgen und können nicht dagegen angehen, selbst wenn das weggeworfene Papier nicht von ihnen stammt.

Was meinen Sie, wird den Studenten, Referendaren und Junglehrern diese wichtige Weisungsbefugnis vermittelt? Nach meiner Erfahrung werden sie nicht darauf hingewiesen. Hoffentlich verschweigt man es nicht bewusst. Warum auch sollte man das tun? Man vergisst einfach, es dem Lehrernachwuchs mitzuteilen. Um diese Vergesslichkeit auszugleichen, sei hier den Interessierten deutlich gesagt: Sie dürfen den Schülern jede Art von Weisungen erteilen, sofern diese *sachlich begründet* sind. Und es kommt noch besser: Die Schüler müssen Ihre Weisungen sogar ausführen.

Varianten: Nun aber die Varianten in Bezug auf die Zeit. Wie so oft im Leben, kommt es darauf an. Würden etliche Schüler durch das Festhalten nicht nur ihren üblichen, sondern sogar den *letzten* Bus nach Hause verpassen, sähe die Sache anders aus. Auch wenn sich alle Schüler bockig weigern und nach 14 Minuten noch niemand eine Hand rührt, wäre das Ende der Fahnenstange erreicht. Man müsste dann die Schüler geschlossen zu einem Sondertermin anrücken lassen, um den Raum zu reinigen.

Wenn die Schüler aber nicht auf einen bestimmten Bus angewiesen sind und das kollektive Säubern des verschmutzten Raumes nun 18 (statt 15) Minuten dauert, würde ein Gericht wohl trotzdem auf der Seite der Lehrkraft stehen.

Der große Vorteil für Sie: Im Gegensatz zu den Schülern kennen Sie das Urteil und können ca. 15 Minuten lang überzeugend bluffen. Aus eigener Erfahrung und aus Berichten vieler Kollegen kann ich nur bestätigen: Es funktioniert.

46 Nachsitzen ist kein Arrest

Sachverhalt: Es war einmal ein 15-jähriger Gymnasiast, der wiederholt gegen die Schulordnung verstoßen hatte. Als Folge davon drohte man ihm zunächst ein Nachsitzen an. Da er sich weiterhin nicht an die Schulordnung hielt, wollte man die Drohung in die Tat umsetzen. Man beschloss, sein Verhalten mit einem zweistündigen Nachsitzen zu belegen. Zu dieser Entscheidung, aber vor dem Antreten der Maßnahme, wurde er vom Schulleiter gehört, nicht aber seine Eltern. Der Schulleiter blieb nach der Anhörung bei der Maßnahme des Nachsitzens, das der Schüler unverzüglich antreten musste.

Später legte der Schüler, vertreten durch seine Eltern, Widerspruch ein und wandte sich gegen die Maßnahme, weil er meinte, das Nachsitzen sei nicht im Katalog der schulischen Ordnungsmaßnahmen aufgeführt und verstoße als **freiheitsbeschränkende Maßnahme** gegen die Bewegungsfreiheit. Der Widerspruch wurde zurückgewiesen und die Sache ging vor das Verwaltungsgericht. Die Eltern betrachteten die Maßnahme als belastenden Verwaltungsakt und rügten die Verletzung ihres Elternrechts, weil sie nicht vor der Maßnahme gehört worden seien. Daneben stützten sie sich auf eine Anmerkung im Schulgesetzentwurf, in der ein „Arrest" als freiheitsbeschränkende Maßnahme angesehen wurde.

Das Verwaltungsgericht lehnte die Klage ab, worauf der Schüler (über seine Eltern) in die Berufung ging. Aber auch diese wurde vom VGH mit folgenden Begründungen als unbegründet zurückgewiesen: Da die Eltern nicht im eigenen Namen geklagt hatten, sondern nur in Vertretung ihres Sohnes, könne dieser nur die Verletzung eigener Rechte geltend machen, nicht aber die seiner Eltern. Auch die Anhörung des Schülers erst nach der Entscheidung für die Maßnahme sei kein schwerer Verstoß, weil der Schüler unmittelbar im Anschluss daran gehört wurde und außerdem die Möglichkeit hatte, im späteren Widerspruchsverfahren seine Argumente vorzubringen.

Darüber hinaus stellte der VGH fest: Die Maßnahme sei zwar ein belastender Verwaltungsakt, allerdings handele es sich nicht um eine freiheitsbeschränkende Maßnahme, die die Bewegungsfreiheit unzulässig einenge. Für das Gericht sei unbeachtlich, wie eine solche Maßnahme in den Erläuterungen zu einem Gesetz*entwurf* eingestuft werde. Ebenso sei die Tatsache, dass die Schule die Maßnahme fälschlich als „Arrest" bezeichnet habe, nicht ausschlaggebend. Maßgeblich sei allein der konkrete Regelungsinhalt. Dieser bestehe darin, in der Freizeit zwei zusätzliche Unterrichtsstunden abzuleisten und dabei besondere Aufgaben zu erledigen.

Während dieses Nachsitzens unterscheide sich die Anwesenheitspflicht des Schülers nicht von seiner Anwesenheitspflicht während des regulären Unterrichts. Weder werde der Schüler dem Nachsitzen zwangsweise zugeführt, noch werde er eingeschlossen oder festgehalten, falls er vorzeitig gehen wolle. Eine unzulässige Einschränkung seiner Bewegungsfreiheit liege deshalb nicht vor. Es handele sich demnach um eine – disziplinarisch begründete – *Erweiterung der Schulbesuchspflicht*.

Das Nachsitzen sei zwar ein Eingriff in die Rechtssphäre des Schülers, allerdings einer von nur geringer Intensität. Deshalb müsse er im Schulgesetz nicht gesondert aufgeführt werden. Der Eingriff sei zudem durch eine Generalklausel gedeckt, nach der die Schule die „erforderlichen Maßnahmen zur Aufrechterhaltung der Ordnung" treffen könne.

Entscheidung des VGH Bad-Wü., Urteil vom 12.04.1984:
Das sog. „Nachsitzen" ist kein unzulässiger Eingriff in die körperliche Bewegungsfreiheit des Schülers.

Kommentierung: Unzulässig wäre ein *Arrest* gewesen, also das stumpfe Einsperren in einen Raum – der frühere Karzer – in dem Schüler „schmoren" sollen. In dem Moment aber, wenn während des Nachsitzens besondere pädagogisch motivierte Aufgaben erledigt werden (Reinigen des Schulgebäudes, Verfassen eines Aufsatzes über angemessenes Verhalten), sieht es juristisch schon ganz anders aus.

Die Unterscheidung zwischen Arrest und Nachsitzen ist heute vermutlich jeder Schule und jedem Lehrer bekannt. Meist ist das Nachsitzen in den entsprechenden Verordnungen auch bereits geregelt und damit abgesichert. Trotz der Möglichkeit, Schüler nachsitzen zu lassen, wird allerdings selten davon Gebrauch gemacht, weil ja irgendjemand den Schüler beaufsichtigen muss. Und falls es keinen entgegenkommenden Hausmeister gibt, bleibt das an der Lehrkraft hängen, die die Maßnahme verhängen möchte.

Trotzdem sollte man, aus pädagogischen Gründen, nicht darauf verzichten. Schließlich kann sich der Lehrer den Termin aussuchen, nicht jedoch der Schüler. Dessen Sportveranstaltungen oder andere Termine müssen dafür zurückstehen (Ausnahme: Konfirmationsunterricht und dringende Arzttermine). Außerdem muss der Schüler nicht ständig beaufsichtigt werden. Man kann also nebenbei durchaus andere Dinge erledigen.

Was sollte der Schüler nun während des Nachsitzens tun? Theoretisch ist auch das Schreiben eines Besinnungsaufsatzes zu rechtfertigen („Warum ist es sinnvoll, Berichtigungen anzufertigen?"). In der Praxis erzielt man jedoch mit Aufräumarbeiten oder handwerklichen Tätigkeiten erheblich bessere Erfolge. Vor allem, wenn der Schüler eine anspruchsvolle Aufgabe zugeteilt bekommt und hinterher sieht, was er geschafft hat, ist eine positive Wirkung festzustellen.

Und was ist, falls der Schüler zum Nachsitzen nicht erscheint oder vorzeitig geht? Ganz einfach, dann liegt – wie beim Fernbleiben vom regulären Unterricht – ein Verstoß gegen die Schulpflicht vor, und es gibt gute Gründe dafür, die Schraube der pädagogischen Maßnahmen weiter anzuziehen. Neben dem Nachholen der versäumten Stunden (selbstverständlich mit einem kleinen Zuschlag) sollte über eine Klassenkonferenz die nächstschwerere Maßnahme eingeleitet werden.

47 Schulverweis ohne Androhung

Sachverhalt: Es war einmal ein Schüler, der aus unerklärlichen Gründen mit einem Fachlehrer und vor allem mit dessen Notengebung nicht einverstanden war. Kurz vor Ende des Schuljahres (und der Notenbesprechung) entschloss er sich, seinen Unmut in einer symbolträchtigen Handlung zu demonstrieren. Dazu entwendete er das Notenbuch des Lehrers, riss vor den Mitschülern etliche Seiten heraus und verbrannte sie öffentlich zusammen mit dem Rest des Notenbuches.

Da sich in dem Buch sämtliche andere Aufzeichnungen über den Leistungsstand und das Arbeitsverhalten seiner Schüler befanden, war der betroffene Lehrer nicht mehr in der Lage, eine fundierte Notenbesprechung durchzuführen. Das führte zu erheblichem Unmut unter den Schülern. Natürlich kam bald heraus, wer das Notenbuch so spektakulär vernichtet hatte, was die Gesamtkonferenz auf den Plan rief. Sie beschloss aus dem Katalog der Schulordnungsmaßnahmen die härteste Sanktion, nämlich den sofortigen dauerhaften Ausschluss des Schülers von der Schule. Zwar sah das Schulgesetz für den Regelfall erst eine Androhung der jeweiligen Maßnahme vor, die Konferenz meinte aber, hier liege eine Ausnahmesituation vor, die den sofortigen Ausschluss auch ohne Androhung rechtfertige.

Das sahen der Schüler bzw. seine Eltern anders und legten Widerspruch ein. Als dieser zurückgewiesen wurde, zogen sie vor das Verwaltungsgericht. Die Handlung des Sohnes wurde nicht bestritten, wohl aber die Rechtmäßigkeit des Vorgehens der Schule. Die Eltern argumentierten wie folgt: Da das Schulgesetz ein abgestuftes Vorgehen vorsehe, habe die Schule zuerst eine Maßnahme anzudrohen, bevor sie (bei einer Wiederholung) diese dann verhänge. Zudem sei die dauerhafte Verweisung von der Schule unverhältnismäßig hart. Ein zeitlich begrenzter Schulausschluss wäre in den Augen der Kläger eine angemessene Maßnahme gewesen.

Das VG folgte dieser Ansicht nicht und bestätigte stattdessen die Entscheidung der Schule. Dazu führte es aus: Das Notenbuch eines Lehrers sei ein extrem wichtiges Dokument. In ihm seien nicht nur die Noten der schriftlichen Arbeiten gesammelt, sondern ebenso die mündlichen Noten und andere pädagogische Beurteilungen. Deren Erkenntniswert sei für die Versetzungskonferenz von besonderer Bedeutung.

Durch die bewusste Vernichtung des Buches seien diese Unterlagen dem Lehrer und damit der Schule unwiderruflich entzogen. Der Schutz so wichtiger Unterlagen lasse folglich auch generalpräventive Überlegungen zu, um durch eine harte Maßnahme andere Schüler von Nachahmungen abzuhalten.

Zwar sehe das Schulgesetz ein abgestuftes Vorgehen vor, allerdings nur für den Regelfall. Liegt aber eine außergewöhnlich schwere Verfehlung vor, könne ausnahmsweise auf eine Androhung verzichtet werden. Denn allein von einer Androhung gehe keine abschreckende Wirkung auf andere Schüler aus.

Darüber hinaus sei die Maßnahme auch nicht unverhältnismäßig hart – gemessen an der Schwere der Folgen für den Lehrer und die Schule. Es sei notwendig, die von dem Schüler ausgehende schwere Gefährdung des Erziehungs- und Unterrichtsauftrages von der Schule dauerhaft abzuwenden. Dies könne durch sein Verbleiben an der Schule, nach einem nur vorübergehenden Schulausschluss, aber nicht gewährleistet werden. Vielmehr könnte der Schüler in dem zeitlich begrenzten Ausschluss eine angenehme Vergünstigung in Form von „Sonderferien“ oder einer Ferienverlängerung sehen.

Entscheidung des VG Saarlouis, Beschluss vom 20.07.1978:
Auf eine vorherige Androhung des Schulausschlusses kann verzichtet werden, wenn der Verstoß so gravierend ist, dass ein schrittweises Vorgehen nicht zumutbar wäre.

Kommentierung: Interessant an diesem Urteil ist der Aspekt der Generalprävention, zu Deutsch der Abschreckung, anderer aufmüpfiger Schüler. Dem Gericht geht es weniger um die Wirkung, die der dauerhafte Schulverweis auf den Notenbuchverbrenner hat. Es sieht, wie ich meine zu Recht, daneben die anderen Schüler, die vielleicht Zeugen der Vernichtung des Buches waren oder davon gehört haben.

Beim genauen Durchdenken erkennt man, dass jede andere Maßnahme nur „heiße Luft“ gewesen wäre. Würde es auch für schwerste Verstöße immer zuerst eine Androhung geben, könnten Schülergruppen reihum Notenbücher vernichten oder andere schwerste Verstöße begehen und sich darauf verlassen, sie kämen mit einer Androhung davon. Eine solche Überlegung muss die Schule von vornherein unterbinden. Die Botschaft an die anderen Schüler muss sein: „Denkt nicht einmal daran!“

Zutreffend hat das VG auch den zeitlich begrenzten Schulausschluss als unsinnig abgelehnt. Vor allem direkt vor den Sommerferien wäre diese Maßnahme genau gegenteilig verstanden worden. Wäre sie die von Schulen und Gerichten favorisierte Reaktion, dann hätten wir vermutlich jedes Jahr Hunderte von zerstörten Notenbüchern, weil die Kids früher in die Ferien wollen. Das wäre die schülerfreundliche Traumlösung: Man kommt früher in den Urlaub und wischt dem Lehrer bzw. der Schule noch gehörig eins aus. Da soll noch einer sagen, die Schule mache keinen Spaß!

Aber Spaß beiseite. Die Begründung für die knackige Entscheidung steckt bereits im Urteilstenor. Für den Regelfall der durchschnittlichen Störung ist selbstredend eine Androhung vorgesehen, aber das gilt nicht ausnahmslos. Da eine Androhung bei einem gezielt einmaligen Verstoß keine wirklich beeindruckende Maßnahme darstellt, muss bei *schwersten* Verstößen notfalls auf die Androhung verzichtet werden können.

Info: Neben dem Fall mit dem Notenbuch gibt es noch einen zweiten, bei dem das Gericht einer Schule zugebilligt hat, auf eine Androhung (vor der Schulverweisung) zu verzichten: Es ging dabei um den Drogen*handel* eines Schülers an einer Schule, der als ebenso schwerwiegend eingestuft wurde. Bitte nicht mit dem individuellen Drogenkonsum verwechseln, der nicht unbedingt eine Gefährdung der Mitschüler darstellt.

Werden Schüler an der Schule beim Drogenhandel erwischt, müssen zudem in fast allen Bundesländern inzwischen die Ermittlungsbehörden (Polizei bzw. Staatsanwaltschaft) verständigt werden. Darüber hinaus ist manchmal auch die Benachrichtigung der sog. Jugendhilfe vorgesehen.

48 Ausschluss von einer Klassenfahrt

Sachverhalt: Seit einiger Zeit verursachte ein Schüler erhebliche Probleme in der Schule. Er war in die Punker- und Drogenszene abgerutscht, hatte Schwierigkeit mit seinen Eltern, deren Anweisungen er nicht befolgte. Auch die Schule besuchte er nur noch sporadisch.

An seiner Schule gab es Rivalitäten zwischen Punkern (zu denen er gehörte) und Skinheads. Im Rahmen dieser Auseinandersetzungen hatte der Schüler (zusammen mit zwei anderen) einem Mitschüler gegen dessen Willen gewaltsam einen Irokesenhaarschnitt verpasst, weil dieser sich der politisch rechten Szene verbunden fühlte.

Daraufhin schloss die zuständige Konferenz den Punker von der Teilnahme an der bevorstehenden Klassenfahrt aus. Als Reaktion darauf entschuldigte der Schüler sich für sein Verhalten. Als dies der Schule nicht ausreichte, legte er Widerspruch ein, um eine aufschiebende Wirkung zu erzielen. Die Widerspruchsbehörde bestätigte zwar, dass es sich beim Ausschluss von der Klassenfahrt um einen belastenden Verwaltungsakt handele, wies den Widerspruch aber zurück.

Hiergegen zog der Schüler vor das Verwaltungsgericht, das seine Klage jedoch abwies.

Dann ging die Sache vor das OVG. Der Schüler bzw. sein Anwalt argumentierte, der Ausschluss von der Klassenfahrt sei eine Ordnungsmaßnahme. Vor dieser müsse die Schule zuerst weniger einschneidende pädagogische Maßnahmen ergreifen. Erst nach deren Scheitern sei eine Ordnungsmaßnahme zulässig.

Das Gericht sah dies anders. Zwar hätten pädagogische Maßnahmen den Vorrang vor Ordnungsmaßnahmen, allerdings nicht in jedem Fall. Eine sofortige Ordnungsmaßnahme sei zulässig, wenn von dem Schüler bzw. seinem Verhalten eine Gefahr für andere ausgehe. Dann nämlich sei die Schule berechtigt, unter Fürsorgeaspekten Ordnungsmaßnahmen zu ergreifen, die die Gefahr abwenden könnten.

Der Begriff der **Gefahr** sei nicht nur als Bedrohung der körperlichen Unversehrtheit, sondern vielmehr in einem weiteren Sinne zu verstehen. Auch die negative Beeinflussung bzw. eine aggressive Intoleranz gegenüber anderen stelle eine Gefahr dar, auf die reagiert werden müsse. Der Kläger habe schon am Schulort seine intolerante Einstellung zu Genüge bewiesen. In Anbetracht der Tatsache, dass auf Klassenfahrten eine gelockerte Atmosphäre herrsche, in der disziplinarische Probleme leichter aufträten, sei der Ausschluss nicht zu beanstanden.
Das nachträgliche Bedauern über den Verstoß sei zwar berücksichtigt worden, letztlich aber habe die Gefährdungsprognose den Ausschlag gegeben. Aus all diesem ergebe sich die Rechtmäßigkeit des Ausschlusses von der Klassenfahrt.

Entscheidung des OVG Greifswald, Beschluss vom 21.09.1996:
Der Ausschluss von einer Klassenfahrt ist gerichtlich überprüfbar. Eine Ordnungsmaßnahme ist zulässig, um einer Gefahr für andere Schüler zu begegnen, selbst wenn pädagogische Maßnahmen noch nicht ausgeschöpft sind.

Kommentierung: Positiv finde ich, dass das Gericht zwar grundsätzlich erst pädagogische Maßnahmen sehen möchte, in Ausnahmefällen der Schule aber auch ein Abweichen von diesem Vorgehen zubilligt, um andere Schüler vor intolerantem Verhalten wirkungsvoll zu schützen.

Nicht so recht nachvollziehen kann ich als Jurist den Schlenker, den das Gericht beim Begriff der „Gefahr" macht. Es ist zwar richtig, dass eine Gefahr sich nicht nur auf die körperliche Unversehrtheit beziehen kann. Aber das

Haareschneiden gegen den Willen einer Person stellt bereits juristisch eine strafrechtliche Körperverletzung dar, die in der Regel einschneidender ist als eine Ohrfeige, die leichteste Form der Körperverletzung. Vom Schüler ging also nicht nur eine abstrakte Gefahr der Intoleranz aus, sondern er hatte bereits eine konkrete Körperverletzung begangen.

In Verbindung mit diesem Urteil kann man im Übrigen wunderbar die unterschiedlichen Sichtweisen von Juristen und Lehrern aufzeigen. Für Letztere sind Klassenfahrten offensichtlich Veranstaltungen, bei denen sich die Schüler besonders diszipliniert benehmen. Anders ist kaum zu verstehen, dass es immer wieder (junge) Kollegen gibt, die großen Wert darauf legen, Problemschüler mit auf eine Klassenfahrt zu nehmen.

Als beruflicher Zwitter verstehe ich schon die Beweggründe: Der Problemschüler soll integriert werden. Aber ich finde die Überlegungen der Juristen nicht weniger überzeugend. Eine Klassenfahrt ist in disziplinarischer Hinsicht eine gelockerte Situation mit erheblich mehr Freiraum für die Schüler. Genau aus diesem Grund lieben Schüler ja auch Klassenfahrten. Ob es in einer solchen Situation wirklich sinnvoll ist, Schüler mitzunehmen, die sich nicht an die Spielregeln halten, darf zumindest bezweifelt werden. Ich kenne inzwischen auch immer mehr Kollegen, die häufig störende Schüler (nach einer Androhung) tatsächlich nicht mehr auf ihre Klassenfahrten mitnehmen und damit positive Erfahrungen machen.

Tipp: Testen Sie einfach rechtzeitig vor der Klassenfahrt, ob Problemschüler Ihren Anweisungen folgen. Wer seine Hausaufgabe oder Berichtigung nicht macht oder nicht pünktlich zum Unterricht erscheint, wird sich vermutlich auf einer Klassenfahrt ebenfalls nicht an die Anweisungen des Lehrers halten. Damit haben Sie ein sehr gutes Argument, ihm und seinen Eltern den Ausschluss von der Klassenfahrt anzudrohen. Und dann warten Sie ab, ob sich sein Verhalten ändert.

Geheimtipp: Auch bei Klassenfahrten haben Sie als Lehrer das Recht, über die Zimmerbelegung zu entscheiden. Machen Sie doch die Nagelprobe und planen Sie, den Problemschüler aus pädagogischen Gründen in ein Zimmer mit lauter braven Jungen zu legen (Stichwort: Integration). In vielen Fällen wird das Interesse des Betreffenden an der Fahrt dann schon deutlich sinken. Wenn er nicht mit seinen coolen Kumpels auf einem Zimmer liegen darf, wird die Fahrt damit für ihn schon fast wertlos. Offiziell schließen Sie ihn jedoch durch eine solche Vorgabe nicht aus. Denn auch er darf, trotz zeitweiliger Trennung von seiner Clique, an Wanderungen oder Museumsbesuchen teilnehmen.

49 Schulrelevantes Verhalten in der Freizeit

Sachverhalt: In die 11. Klasse eines Gymnasiums kam ein neuer Schüler A. von einer anderen Schule. Allerdings gab es in der Klasse eine Gruppe, die ihre Kreise durch den Neuankömmling gestört sah. Wortführerin dieser Clique war die Schülerin B., die zwar durchgängig gute Leistungen zeigte, aber den Unterricht ständig mit mehr oder weniger geistreichen Bemerkungen störte.

Der neue Schüler wurde gehänselt, seine Unterrichtsbeiträge wurden belacht, man versuchte, ihn zu isolieren. Wenn er die Klasse betrat, wurde er indirekt beleidigt („Der Stinker kommt"), und man entfernte sich von ihm. Die zunächst recht guten Leistungen von A. wurden daraufhin schlechter. Auch außerhalb der Schule setzte sich das **Mobbing** fort. Die Familie A. erhielt anonyme Anrufe und beleidigende Briefe. Eines Tages wurde B. dabei beobachtet, wie sie (mit einigen anderen Schülern) Mehl und rohe Eier in den Briefkasten der Familie schüttete.

Die Belastung für den isolierten Schüler wurde so stark, dass er über seine Eltern um die Versetzung in eine Parallelklasse bat. Nun reagierte die Schule und führte Gespräche mit der Clique bzw. ihrer Rädelsführerin. Als Grund für ihr diskriminierendes Verhalten gab B. an, sie habe sich rächen wollen, weil A. abfällige Bemerkungen über ihren Leistungsstand gemacht habe.

Nach dem ersten Einschreiten der Schule entschuldigten B. und die anderen Schüler sich für ihr Verhalten und versicherten, dies zu ändern. Die guten Vorsätze, wenn sie denn ernst gemeint waren, hielten aber nicht lange an. Kurze Zeit später war die Situation wieder ganz ähnlich.

In den Sommerferien war B. mit einer Klassenkameradin im Urlaub, die jedoch den Fehler machte, A. zu verteidigen. Daraufhin drohte B. ihr Prügel an und drohte, dies werde notfalls in der Schule weitergehen. Der Druck auf die Mitschülerin wurde schließlich ebenfalls so stark, dass sie nicht mehr zur Schule gehen wollte und die Versetzung in eine Parallelklasse beantragte.

Nach den Sommerferien (Schüler jetzt in der 12. Jahrgangsstufe) ging die Ausgrenzung von A. weiter, sodass die Schule sich gezwungen sah, eine Konferenz einzuberufen. Als die Schüler dies erfuhren, legten sie, darunter natürlich auch B., schriftliche Erklärungen vor, sie würden ihr negatives Verhalten künftig ändern. Trotzdem beschloss die Konferenz mit 22 zu 2 Stimmen, die meinungsführende Schülerin B. in die Parallelklasse zu überweisen. Diese legte sofort Widerspruch ein, um eine aufschiebende Wirkung zu erzielen, worauf die Konferenz ein paar Tage später noch einmal zusammentrat und die **sofortige Vollziehung** der Maßnahme beschloss.

Nun ging die Sache vor Gericht, und zwar zum Verwaltungsgericht. B. beantragte, im Rahmen des vorläufigen Rechtsschutzes die Maßnahme aufzuheben und sie in der alten Klasse zu belassen. Gleichzeitig machte sie eine durch die Überweisung in die Parallelklasse entstandene Krankheit geltend. Sie versuchte über ein Attest zu belegen, ihre Schulfähigkeit könne nur wiederhergestellt werden, wenn sie in ihre ehemalige Klasse zurückkehren dürfe.

Zu den gegen sie erhobenen Vorwürfen ließ sie über ihren Anwalt erklären, die Schule könne nur das heranziehen, was in der Schule passiert sei. Es sei unzulässig, Ereignisse aus dem Freizeitbereich mit heranzuziehen. Außerdem habe sie sich für ihr damaliges Verhalten entschuldigt und eine Erklärung abgegeben, ihr Verhalten zu ändern.

Der schöne Versuch blieb in beiden Instanzen erfolglos. Sowohl das Verwaltungsgericht als auch das OVG gaben ihrem Antrag nicht statt. Dabei argumentierten die Gerichte wie folgt: Die Schule habe richtig entschieden, sowohl der Entschuldigung als auch der schriftlichen Erklärung der Schülerin keine große Bedeutung beizumessen. Da die Schülerin in der Vergangenheit ihr Verhalten durch erzieherische Einwirkungen nicht grundlegend geändert habe, sei eine Wiederholung ihres Verhaltens durchaus möglich.

Zur Kernfrage, ob man außerschulisches Verhalten für schulische Ordnungsmaßnahmen mit heranziehen könne, führte das OVG aus: Auch Anlässe im *außerschulischen Bereich* könnten Grundlage von Ordnungsmaßnahmen sein, wenn sie unmittelbar in den schulischen Bereich hineinwirken. Dies sei hier der Fall. Die außerschulischen Aktivitäten hätten gerade das Ziel gehabt, den schulischen Druck auch in der Freizeit weiterzuführen. Die Einbeziehung der Familie über Anrufe und beleidigende Briefe habe ebenfalls den Zweck gehabt, den unerwünschten Mitschüler aus der Klasse herauszudrängen.

Wegen der Intensität des negativen Verhaltens müsse die Klägerin selbst noch kurz vor dem Abitur die Klasse wechseln. Die Interessenabwägung zwischen ihr und den gemobbten Mitschülern falle eindeutig zu Lasten der Schülerin aus.

Entscheidung des OVG Münster, Urteil vom 25.04.1996:
Die Einbeziehung von Verhalten außerhalb der Schule ist nicht zu beanstanden, wenn es einen klaren Bezug zur Schule gibt.

Kommentierung: Im Zeichen der Gleichberechtigung erscheint im Kapitel über disziplinarische Probleme endlich mal eine Schülerin, und man sieht: Am Gymnasium werden die Besten der Besten ausgebildet. Nicht mit plumper Gewalt, sondern mit subtilem Psychoterror wird hier gearbeitet.

Lassen Sie mich zuerst die Sache mit dem Widerspruch erklären. Der Widerspruch hat grundsätzlich **aufschiebende Wirkung**. Wenn es also keinen dringenden Grund gibt, dann wird die Entscheidung ausgesetzt, bis die Angelegenheit von der vorgesetzten Behörde oder einem Gericht abschließend geklärt ist. Das hat vermutlich der Anwalt seiner munter mobbenden Mandantin gesagt. Allerdings gilt das nicht uneingeschränkt, und zwar aus gutem Grund: Bei einem dringenden und begründeten Interesse an der Durchsetzung der Maßnahme kann nach § 80 II Nr. 4 VwGO die **sofortige Vollziehung** angeordnet werden. Dagegen kann man sich zwar wieder wehren, aber die Maßnahme tritt erst einmal in Kraft.

Diese Möglichkeit ist sinnvoll, weil sonst jeder durch Widerspruch und Klage eine Angelegenheit zu seinen Gunsten so lange verschleppen könnte, bis sich die Sache erledigt hat. Da ein Gerichtsverfahren heute durchaus zwei Jahre dauern kann, hätte die garstige Schülerin vermutlich schon ihr Abitur in der Tasche gehabt, bis man festgestellt hätte, dass die Überweisung in die Parallelklasse rechtmäßig war. Das hat die Schule durch die sofortige Vollziehung wirkungsvoll unterbunden.

Ein kleiner Einschub zum **Mobbing**: So ganz clever war die Schülerin in ihrem Zorn auf den Neuankömmling nicht, weil sie sich Dinge hat zuschulden kommen lassen, die beweisbar sind. In komplizierteren Fällen ist Mobbing kaum greifbar, weil es über Verhaltensweisen läuft, die nicht verboten sind. Man kann ja niemanden zwingen, mit anderen zu reden oder sich nicht vom Fleck zu bewegen. Falls also die Clique beim Hinzutreten des Unerwünschten einfach schweigt und sich wortlos auflöst, um sich woanders zusammenzufinden, dann wird es juristisch schwierig. Wie will man hier das Mobbing beweisen? Und wie will man jemanden verpflichten, stehenzubleiben? Aber hier war der Fall eindeutig, denn Mehl und Eier im Briefkasten sind sehr konkret.

Fazit: Zwar hat sich die Schule grundsätzlich nicht um das zu kümmern, was die Schüler in ihrer Freizeit machen, denn das ist Sache der Eltern. Aber hier liegt die Sache anders. Die „Freizeitaktivitäten" der Problemschülerin nahmen ihren Ausgangspunkt in der Schulsituation und waren darauf gerichtet, den unbeliebten Mitschüler auch außerhalb der Schule „fertigzumachen". In solchen Fällen kann (und sollte) die Schule dieses Verhalten bei einer Ordnungsmaßnahme mit berücksichtigen.

50 Cybermobbing gegen Lehrkräfte

Sachverhalt: Es war einmal ein zwölfjähriger Realschüler (6. Klasse), der begeistert von den unbegrenzten Möglichkeiten des Internets war. Insbesondere hatten es ihm die sog. Chaträume angetan, in denen man sich ohne Preisgabe der wahren Identität und sogar unter Angabe eines fremden Namens mit anderen unterhalten kann.

So ging er virtuell eines Tages zusammen mit anderen Schülern in einen Chatroom für Singles und gab sich als Lehrerin K. aus, für die er ein gefälschtes Nutzerprofil erstellte. Auch fünf andere Lehrernamen wurden als Teilnehmer (User) in diesem Single-Chat angemeldet. Unter dem vorgetäuschten Namen von K. verfasste der Schüler Beiträge über andere Lehrkräfte, die beleidigend und obszön waren.

Nicht nur andere Schüler der Schule erfuhren von dieser lustigen Aktion, sondern auch ein Kollege, der den Schulleiter benachrichtigte. Völlig unüblich kehrte dieser die Sache nicht unter den Teppich, sondern druckte die entsprechenden Seiten aus und schaltete die Polizei ein. Die Ermittlungen von Schulleitung und Polizei führten sehr schnell zu einem Verdacht gegen den besagten Schüler. In einem intensiven Gespräch mit Schulleitung und Polizei gab er zu, die entsprechenden Eintragungen vorgenommen zu haben.

In der darauf folgenden Klassenkonferenz versuchte er, seine Tat herunterzuspielen. Die Einträge seien nicht nur von ihm vorgenommen worden, insbesondere die Äußerungen mit sexuellem Inhalt seien nicht von ihm. Zudem sei er von anderen Schülern zu diesem Verhalten gedrängt worden.

Die Klassenkonferenz beschloss dennoch, den Schüler an eine andere Schule zu überweisen und ordnete die sofortige Vollziehung der Maßnahme an. Zusätzlich sollte der Schüler bis zur Genehmigung der Maßnahme (durch die Schulbehörde) vom Unterricht ausgeschlossen werden.

Dagegen legte der Schüler bzw. seine Eltern Widerspruch ein, der jedoch als unbegründet zurückgewiesen wurde. Und so kam die Sache schließlich vor das Verwaltungsgericht.

Der Schüler bzw. sein Anwalt trug vor, die Maßnahme sei rechtswidrig. Es handele sich nicht um eine grobe Pflichtverletzung, sondern um unreflektiertes pubertäres Gehabe, das man nicht überbewerten dürfe. Zudem sei der Schüler erst zwölf Jahre alt und damit noch nicht strafmündig. Das bisherige Verfahren habe bei ihm bereits eine nachhaltige Wirkung gezeigt, damit sei eine so schwerwiegende Maßnahme nicht mehr nötig.

Auch sei die Überweisung an eine andere Schule während des laufenden Schuljahres unverhältnismäßig, da der Schüler hierdurch eventuell Versäumtes eigenständig nachholen und sich in den Unterrichtsstand einer anderen Klasse einarbeiten müsse.

Das Gericht folgte dieser Argumentation nicht, sondern erklärte die Maßnahme für rechtmäßig und führte dazu aus: Die Einlassungen des Klägers, andere Schüler seien für die Einträge verantwortlich, seien *nicht glaubhaft*. Er habe dafür zumindest das Passwort der vorgetäuschten Identität an andere Schüler weiterreichen müssen und sei deshalb für die unter diesem Passwort erstellten Inhalte verantwortlich. Er habe weder die Mitschüler benannt, die diese Einträge verfasst haben sollen, noch habe er erklärt, wie die anderen

Schüler an sein Passwort gekommen sein sollen. Für das Gericht bestehe deshalb kein Zweifel, dass die beleidigenden Einträge vom besagten Schüler stammten. Dass der Schüler noch nicht strafmündig sei, spiele für schulische Maßnahmen keine Rolle, da diese andere Zwecke verfolgten.

Die Maßnahme sei auch nicht unverhältnismäßig hart.Dass der Schüler durch die Überweisung an eine andere Schule bestimmte Belastungen ertragen müsse, liege in der Natur von Ordnungsmaßnahmen und sei schließlich vom Schüler selbst verschuldet.

Zur Hauptsache erklärte das VG: Eine grobe Pflichtverletzung eines Schülers liege nicht erst dann vor, wenn von ihm Erpressungen, Gewalttätigkeiten, pornografische Darstellungen oder Rauschgiftdelikte verschuldet würden. Vielmehr zähle es zu den Pflichten von Schülern, auch die Persönlichkeitsrechte von allen am Schulalltag Beteiligten zu beachten. Dazu zählten auch die Persönlichkeitsrechte der Lehrkräfte mit ihren Privatsphären, deren Grenze von Schülern nicht einfach überschritten werden dürfe.

Dieses Persönlichkeitsrecht umfasse nicht nur den Schutz der persönlichen Ehre, sondern auch das Recht der Selbstbestimmung über die *Offenbarung von persönlichen Lebenssachverhalten*. Das Recht jedes Einzelnen, selbst über die Preisgabe und Verwendung des eigenen Namens zu bestimmen, stehe auch den Lehrkräften zu. Dazu zähle ebenso das Recht, den eigenen Namen zu verbreiten und ihn in Zusammenhang mit bestimmten Meinungsäußerungen zu bringen.

Dieses Recht sei vor allem dann verletzt, wenn ohne Wissen oder Genehmigung der Betroffenen unter vorgespiegelter Identität Aussagen gemacht würden, die sie der Lächerlichkeit oder dem Gespött aussetzten. Denn durch den Schüler werde in herabsetzender Weise ein Persönlichkeitsbild vermittelt, das dem der Betroffenen nicht entspreche.

Wenn eine solche Verletzung des Persönlichkeitsrechts von einem großen Teil der Schulöffentlichkeit wahrgenommen worden sei, könne das Vertrauensverhältnis zwischen Schülern und Lehrern so nachhaltig gestört sein, dass die Überweisung an eine andere Schule gerechtfertigt sei. Die Maßnahme eröffne darüber hinaus dem Schüler die Möglichkeit, an einer anderen Schule unbelastet die Arbeit im Unterricht fortzusetzen.

Entscheidung des VG Hannover, Beschluss vom 07. 06. 2006:
Verwenden Schüler unbefugt Lehrernamen im Internet und verfassen dort beleidigende Beiträge, so ist die Überweisung an eine andere Schule gerechtfertigt.

Kommentierung: Damit sind wir beim letzten Urteil und einem Thema, das sich in den letzten Jahren so rasant entwickelt hat wie das Medium, in dem es stattfindet. Das Internet vermittelt Schülern das (falsche) Gefühl, sie könnten aus der Anonymität des Netzes heraus anderen gegen das Bein treten, ohne dass dies nachweisbar wäre. Und da ist es natürlich eine große Verlockung, es den Lehrkräften, die man nicht mag, einmal so richtig zu zeigen. Eingeweihte wissen, dass man die sog. IP-Nummer des Rechners, von dem die Attacke gestartet wurde, herausbekommen kann. Es ist etwas mühsam, aber über einen Anwalt oder die Staatsanwaltschaft geht es. Mehr zu dem Vorgehen finden Sie in meinem Aufsatz zum Cybermobbing (http://www.vds-bildungsmedien.de → Veranstaltungen → Forum Unterrichtspraxis → Dokumentation 2008 → Teil 2).

Bemerkenswert erscheint mir bei dem Urteil die Tatsache, dass der Richter sich nicht vom zarten Alters des gar nicht so zartfühlenden Schülers beeindrucken ließ. Völlig zu Recht, denn es ging nicht um eine strafrechtliche Ahndung des Verhaltens. Die wäre wegen Beleidigung oder Verleumdung möglich gewesen, wenn der Betreffende älter als 14 Jahre gewesen wäre. In unserem Fall waren nur Schulordnungsmaßnahmen möglich, aber auch die können beeindrucken. Zutreffend machte das Gericht unmissverständlich deutlich, dass solche Entgleisungen keine entschuldbaren Kavaliersdelikte, sondern schwere Pflichtverletzungen des Schülers darstellen.

1. Tipp: Falls man von einem solchen Cybermobbing selbst betroffen ist, gibt es neben der Schulordnungsmaßnahme noch weitere Möglichkeiten, den Betreffenden zur Verantwortung zu ziehen. Da ist zum einen das Strafrecht bei Schülern, die über 14 Jahre alt sind. Wenn die Schüler noch nicht über 18 Jahre alt sind, sollte man allerdings die Erwartungen an ein solches Verfahren nicht zu hoch hängen. Denn selbst bei schwersten Verfehlungen droht dem Schüler (nach einem vorgeschriebenen Sühneversuch) nicht viel mehr als die Ableistung einiger Sozialstunden.

Wer ernsthaft beleidigt wurde, sollte deshalb den zivilrechtlichen Joker ziehen. Denn auch ein zwölfjähriger Schüler haftet bereits zivilrechtlich für den Schaden, den er anrichtet. Zu diesem Schaden zählt z. B. der Imageschaden, der durch eine solche Veröffentlichung angerichtet wird – und bei schweren Persönlichkeitsverletzungen ist auch die Forderung nach Schmerzensgeld berechtigt. Zum Vergleich: Einem Polizisten, den man als „Missgeburt" bezeichnet hatte, wurden 400 Euro als Schmerzensgeld zugesprochen. Und es ist nicht einzusehen, dass die Beschimpfung von Lehrern preiswerter sein sollte.

2. Tipp: Falls unerlaubt (verfremdete) Bilder von Lehrkräften ins Internet gestellt oder anderweitig in Umlauf gebracht werden, besteht die Möglichkeit, für das Bild **fiktive Lizenzgebühren** zu verlangen. Das sind vielleicht nur ein paar hundert Euro, aber immerhin. Zusammen mit den anderen Forderungen und den Verfahrenskosten kommen da schnell 1000 bis 2000 Euro zusammen.

3. Tipp: Die möglichen Folgen von Cybermobbing sollten Sie Ihren Schülern einmal so ganz nebenbei erzählen. Machen Sie deutlich, dass Sie Ihre Rechte in diesem Punkt kennen – und notfalls auch durchsetzen würden. Wenn dann irgendein Schlaumeier meint, er bräuchte nicht zu zahlen, weil er ja als Schüler gar nicht so viel Geld besitzt, sollten sie ihn aufklären: Die Forderung aus einem solchen Urteil verjährt erst in 30 Jahren, in unserem Fall also erst, wenn der Betreffende 42 Jahre alt ist. Kommt er vorher zu Geld, wird die Forderung eingetrieben.

Schon die beiläufige Erwähnung des oben genannten Urteils und der rechtlichen Möglichkeiten von Lehrern hat einen deutlich präventiven Effekt. Wer dies überzeugend vorträgt, bewirkt bei den Schülern eine sachliche Risikoanalyse und hat in aller Regel Ruhe vor solchen Attacken.

So, das waren sie, die 50 wichtigsten Schulrechtsurteile. Wer sie kennt, besitzt eine völlig ausreichende Orientierung im wichtigen, aber doch recht unübersichtlichen Gebiet des Schulrechts. Ich hoffe, es gab die eine oder andere hilfreiche Information für Sie, von der Sie bei zukünftigen Entscheidungen profitieren können.

Letzter Tipp: Falls Sie mit schulrechtlichen Problemen konfrontiert sind, bei denen Sie eine schriftliche Stellungnahme abgeben müssen, sollten Sie Folgendes beherzigen: Lassen Sie Formulierungen der Gerichte aus den Urteilen einfließen, die in der Nähe Ihres Falles liegen. Damit erkennt jeder Eingeweihte, z.B. der gegnerische Anwalt oder der Jurist bei der vorgesetzten Schulbehörde, dass Sie das entscheidende Urteil kennen und sich nicht für dumm verkaufen lassen werden.

Wenn mehr Lehrkräfte (und Schulleiter!) wüssten, dass die Gerichte ihnen bei ihrer täglichen Arbeit grundsätzlich juristische Rückendeckung geben, gäbe es vermutlich mehr mutige Entscheidungen. Behalten Sie also Ihr Wissen nicht für sich, sondern lassen Sie möglichst viele Kollegen daran teilhaben. Es könnte uns allen die Arbeit leichter machen.

Register

Die Nummer hinter dem Stichwort gibt das jeweilige Urteil an. Der Zusatz „e" verweist auf den Exkurs nach dem jeweiligen Urteil

Abgestuftes Vorgehen, Ausnahme 47
Abhilfeprüfung 6e, 35
Abschließbare Fächer 12
Abschreckung 24, 47
Abschreibenlassen 37
Absprachen vor Prüfungen 36
Allgemeinheit, überw. Interesse 4
Amoklauf 4
Amtsarzt 25
Amtspflichtverletzung Schulleiter 17
Androhung von Maßnahmen 47
Anfechtung 30
Anscheinsbeweis 38, 39
Anstaltsbenutzer 1
Anti-Atomkraft-Plakette 13
Arbeitsmaterialien für Lehrer 11
Arbeitsunfall, Schüler 18
Arrest 46
Aufmerksamkeitswerbung 15
Aufschiebende Wirkung 48, 49
Aufsichtspflicht Tagesausflug 22
Aufsichtspflicht, bei Verweisung 44
Auseinandersetzen, Schüler 43
Außerschulisches Verhalten 49

Baulärm, Prüfung 40
Beamtenverhältnis 10
Beaufsichtigung, Nachbarklasse 17
Bedenken des Lehrers 8
Bedingter Vorsatz 19e
Befangenheit 33, 34, 35
Begründetheit einer Klage 43
Beleidigung, durch Lehrer 28
Benotung, Spielraum 29
Berechtigte Interessen 27, 28
Beschwerde 6e
Besonderes Gewaltverhältnis 1
Beurteilungsspielraum 29
Beweislastumkehr 37
Bhagwan 15
Bürgerinitiativen, Werbung für 5

Cybermobbing gegen Lehrer 50

Datenschutz 3
Diebstahl, durch Lehrer 9
Diebstahl, Lehrereigentum 12
Diebstahl, Schülereigentum 23
Dienstliche Erklärung 11
Diensttelefone 12
Dienstvergehen 9
Dienstweg 14
Drogenhandel, Schüler 47

Eidesstattliche Versicherung 35
Einzelnote, Anfechtung 30
Eltern, Informationsrecht 42
Elternpflicht, Informationen 42
Elternrecht 2
Entlassung von der Schule 7
Erkrankungen, Schüler 25
Ermessen, Lehrer 29
Erziehungsauftrag, Schule 2
Erziehungsberechtigte 4

Fahrlässigkeit 19e
Fehlen, Entschuldigung 25
Festhalten im Klassenraum 45
Feststellungsinteresse 31
Feuerwerkskörper, Unfall 19
Fiktive Lizenzgebühren 24e, 50
Flucht in die Öffentlichkeit 14
Flugblatt, Verteilen von 5
Formalbeleidigung 28
Formale Mängel 42
Freiheitsberaubung, keine 45, 46
Freiheitsentzug, kein 45, 46
Freistunde, Schüler 18
Freizeitverhalten, Ordnungsmaßnahme 49
Frist, unverzüglich 25
Funktionsfähigkeit, Schule 7
Fürsorgepflicht, Dienstherr 10

Gefahrbegriff 48
Gefahrgeneigte Tätigkeit 22
Gehorsamspflicht Lehrer 8
Generalprävention 47
Gerüchte 27
Glaubwürdigkeit 25, 35, 39, 50
Gleichheit im Unrecht, keine 37
Grundrechtseingriff 1
Grundsatz der Verhältnismäßigkeit 5

Hausrecht, Schulleiter 5
Heranwachsende 4

Informationelle Selbstbestimmung 3
Informationsaustausch zwischen Lehrern 3
Informationsrecht der Eltern 42
Internet, Cybermobbing 50
Internet, Stadtplan 23
Intoleranz 48
IP-Nummer 50
Islamischer Glaube 6

Junge Volljährige 4

Klassenbuch 36
Klassenfahrt, Ausschluss von 48
Klassenfahrt, Rücknahme der Anmeldung 21
Klassenfahrt, Lehrerpflichten 20
Klassenfahrt, Schülerpflichten 21
Klassenkonferenz 50
Kopftuch, Lehrer 15
Kopftuch, Schülerin 6
Kostenübernahme, Klassenfahrt 21
Krankmeldung, Schüler 25
Kritik des Lehrers 14
Kritische Äußerungen durch Lehrer 34
Kursheft 36

Lärmstörung 40
Lehrplan, Bindung an 16
Leistung, nicht erbrachte 32
Leistungsfremde Gesichtspunkte 31
Leistungsverweigerung 32
Lizenzgebühr 24
Lösungsmuster, Beschaffen 38

Mäßigung, Lehrer 14
Meinungsfreiheit Lehrer 13
Meinungsfreiheit Schüler 5
Mitbeaufsichtigung, Nachbarklasse 17
Mitverschulden 23
Mobbing 49
Mündliche Prüfung 34

Nachprüfung 42
Nachsitzen 46
Negative Bekenntnisfreiheit 15
Neutralität, weltanschauliche 15
Nichtbefolgen einer Weisung 8
Nichtversetzung 7, 42
Note, Änderung, Schulleiter 31
Notenbildung, Zeitraum 35
Notenbildung, Arithmetik 29
Notenbildung, Gesamteindruck 29
Notenprognose, Verbindlichkeit 36
Notensprung 42

Öffentliche Kritik 10

Pädagogische „Freiheit" 16
Pädagogische Verantwortung 16
Pausenrauferei 19
Personenbezogene Daten 3
Personenschäden 19
Persönlichkeitsrecht, Lehrer 50
Persönlichkeitssphären 3
Petitionen 14
Platzverteilung in der Klasse 43
Politische Werbung, Schüler 5
Privatrecht 24e
Prognose zum Schulerfolg, unverbindliche 36
Projektwoche, Fernbleiben 26
Protokoll, Prüfung 35
Prüfung, Baulärm 40
Prüfung, Schreibverlängerung 40
Prüfungstext, zufällig gefundener 38

Radiergummi 17
Randbemerkungen 33
Realakt 45
Rechtsgebiete 24e
Rechtsschutzinteresse 30
Reiserücktrittskostenversicherung 21
Religionsfreiheit, Lehrer 15
Religionsfreiheit, Schüler 6
Remonstrationspflicht, Beamte 8
Rundung von Noten 36

Sachverständige, in Prüfungen 41
Sachverständige, keine 29
Sanktionsnote, unzulässige 39
Schadensersatz 24e
Schmerzensgeld, Schüler 28
Schmerzensgeld, Lehrer 50
Schneeballwerfen 17
Schreibpausen, Prüfungen 40
Schreibverlängerung 40
Schriftliche Arbeiten, Randbemerkungen 33
Schulaufsichtsbehörde 31
Schulbesuchspflicht, erweiterte 46
Schulbücher, für Lehrer 11
Schulfrieden 5
Schuld, Abstufungen 19e
Schulträger 11
Schulträger, Verwahrungsmöglichkeit 23
Schulversicherung 18, 19
Schutzbehauptung, unglaubwürdige 9, 25
Schwimmen bei Tagesausflug 22
Selbsteintritt 31
Sexualkunde 2
Sitzenbleiben 7
Sofortige Vollziehung 16, 49
Spielraum, pädagogischer 45
Sportunterricht, Befreiung 6
Sportunterricht, Wertsachen 23
Stadtplan, Urheberrecht 24
Ständige Rechtssprechung 29
Strafgefangenenentscheidung 1

Täuschungsversuch 37

Üble Nachrede, durch Lehrer 27
Umsetzen von Schülern 43
Unfall, Schüler 19
Unglaubwürdige Schutzbehauptung 9, 25
Ungleiche Chancen 37
Unverzüglich, Bedeutung 25
Urheberrecht 24

Verfassungsbeschwerde 6e
Verhältnismäßigkeit, Grundsatz 5
Verjährung, Zivilrecht 50
Verlassen des Schulgeländes 18
Vermutetete Täuschung 39
Veröffentlichung 24
Versetzungsgefährdung 42
Verständige Auslegung 21
Vertrauensschutz 36
Vertrauensvolle Zusammenarbeit 8
Verwaltungsakt, Definition 30, 45
Verwaltungshandeln, schlichtes 45
Verwaltungsrecht 24e
Verweisung aus dem Raum 44
Verzichtserklärung 20
Volkszählungsurteil 4
Vorsatz 19e

Wahrnehmung berechtigter Interessen 78
Weisungsbefugnis Lehrer 24e, 45
Wesentlichkeitstheorie 1
Widerspruch 6e, 48

Zeugnisnote, einzelne 30
Zimmerbelegung, Klassenfahrt 48
Zivilrecht 24e
Zufallsfund 37
Zulässigkeit einer Klage 43